JN295546

来世への道

自分探しの旅Ⅱ

浅野 信
Asano Makoto

たま出版

来世への道
～自分探しの旅Ⅱ～

目　次

序章 5
第1章「人は本当に生まれ変わり、来世はあるのか」11
第2章「来世を決めるのは、いま」21
第3章「来世とは、未来の自分」29
第4章「現世と来世の間にある法則」51
第5章「来世での縁」65
第6章「生まれ変わるまでの魂はどこに」79
第7章「臨終とは一日の終わり」87

第8章「霊界にいる時間と来世との関係」97
第9章「生まれ変わるまでのプロセス、その準備と期間」105
第10章「来世をよりよくするための生き方と行動」121
第11章「学びを来世に活かすために」131
第12章「輪廻転生を終えるということ」143
第13章「総括　～来世に宝を積む～」157
第14章「来世に向けて今を生きる」～リーディング事例集 165

リーディングのさまざまな事例 166
◇リーディング① 167／◇リーディング② 178
◇リーディング③ 189／◇リーディング④ 200
◇リーディング⑤ 211

あとがき 222

著書リスト 227

参考文献 228

●リーディングを行った際の質問 229
●ARIのビジョン&ミッション 230
●リーディング 230
●パーソナル・リーディング 230
●パーソナル・リーディング内容 231
●前世リーディング 231
●前世リーディング内容 231
●リーディングの方法 231

序章

人はどこから来て、どこへ向かっているのだろうか。人の来《こ》し方行《かたゆ》く末《すえ》、そして、人の起源と終極とは何か？

人間として生まれた以上、少なくとも一度は誰でもこの問いを自分に発したことがあるでしょう。人間の究極に関するこのような問いには答えは与えられない、と見る人たちも多いかもしれません。実際、あのブッダでさえ、形而上に関する事には触れず扱わず答えずという一貫した姿勢を貫き通しました。

それにもかかわらず、それ以降の仏教ではそのような問いが再三頭をもたげ、論議され、儀礼や教義に取り込まれてきていることは、仏教史が示すとおりです。

ある人は、生まれてきたときが自分の始まりであり、死んだ時点ですべてが終わると捉えています。またある人は、先祖から子孫へと思いも心の資産もカルマも使命も命も継承されていく、と家系の流れの中に自分を見出し、位置づけます。

本書では、この形而上学的な重要テーマを自分に焦点を当てて扱うことを目的にしました。理論的な哲学としてというより、実践的で有用な人生哲学、あるいは啓蒙の観点で各自が主体的に取り組み、考えるように編まれています。

人は単なる肉体だけの物質存在ではないこと、また、先祖から子孫へと受け継がれていくものばかりでもないこと、実は心と霊（真我）があり、誰でも輪廻転生《りんねてんしょう》していることを機軸に論を展開していきます。

ではなぜ、その立場や方向から述べることができるのか。それは、私がこれまで四〇年にわたる真理の探究の過程で学んだ厖大な関連の神秘哲学、神学、精神世界から、この論が、理論的にも実感としても真実であろうと思われたこと、もう一つは自分自身でも霊体験、神秘体験を数多くするようになり、知的直観でも確信したこと。この二点を根拠としています。

本シリーズは過去、現在、未来の三部作で成り立ち、今回は前作の現在編に続く未来編となっています。自分探しの旅が輪廻転生の中で、時空を経ながら為されていくという設定です。


現在の宇宙が誕生して一三七億年、地球ができて四六億年、ヒトが出現して五百万年ともいわれています。

人になる元の霊魂という実体が神によって創造させられ、やがて地球の物質領域に降下し、ヒトの肉体に宿るようになったのは、今から数十万年前のことでした。そのあり方が、あの世とこの世との輪廻転生として定着したのは、この十万~三万年のことにすぎません。

では、これはいつまで続くのでしょうか。この問いに答えることは、とても困難です。なぜなら、未来はまだ定まってはいないし、ある程度予定されているとしても、その神の思いとご計画を読み取るのは暖簾《のれん》に腕押しに等しいからです。

それでも、わかること、今からできること、しておいたほうがよいことはあります。その一つとして、人類全体の成長段階と現在の地球・人類の様相からして、転生を完了するのにはまだまだ時間も手間もかかりそうだ、ということが言えます。淡い願望に基づく楽観的で安易な近未来の展望・予測と真相とは異なることを認識しなければなりません。

本書には、順行催眠、予知夢、瞑想、自問自答、ジャーナル、祈り、リーディングなどの方法を通して、自分の来世を探る方法も紹介しています。

来世はまだ決まってはいませんが、今創りつつあるものです。カルマの因果関係、転生の一つの流れと方向性、国や地域の歴史と将来性と特質と役目、めくるめくグループ転生の実態と今後の方向、カルマの解け具合とカルマ的状況、学びと役目の展望、神のご意向とご計画―これらの絡《から》みで、それぞれの実体は次にはいつどこに再生するのかが弾《はじ》き出されるのです。しかも、そこに不確定性（遊びとゆらぎ）や各人の自由意志やミスも介在してきます。

あの世とこの世との往来である霊魂の輪廻転生の果てには、一体、何が待ち受けているのでしょうか。最後はどのようになるのか、またなることを求められているのでしょうか、それはいつのことなのでしょうか。

浄化と成長過程が人の転生の姿であり、それは真の自己を見出し、取り戻し、顕現させていくルートである。これは、ヨハネの黙示録、ノヴァーリスの未完の小説『青い花』『サイスの弟子たち』、インドやギリシャのさまざまな哲学のモチーフとなっています。いや、それこそが真の宗教の真っ向から取り組むべき一大目標の態《てい》のものでしょう。

転生完了はまだ解脱ではありません。転生完了はカラーナレベルでも可能なことであり、真の解脱とはプルシャ以上で初めて起きるものです。カラーナに達しても、あえて転生受肉し続ける存在が菩薩と呼ばれるありがたい人たちです。地球と人類とは、このような存在方によって支え導き育てられ、社会も自然も壊れずにいるのです。

広い意味では、潜在的にすべての人々が菩薩です。菩薩予備軍とも言えるでしょう。カラーナ界以上の領域から他者救済のため、進んで派遣されてくることを親鸞は還相回向《げんそうえこう》と名づけ、大切にしていました。それによって、やがては多くの難題も解決し、地上に神の国が実現することになります。これは、特定の宗教や政治やイデオロギーを超えた、愛と命と平和と調和の世界です。

そこへ向けて、転生の果ての最終地点である命の本源、ビジョン、理想、なるべき姿、ニルヴァーナへと自分をセットするのです。あとは、安心し、ゆったりとした心で今日の前にある事に専心し、適切に真心から対処していけばいいのです。それは、いずれ実現します。人は誰でも、同一の根源神によってその事が意図され、育て導かれつつあるからです。今はそこへと至る、ささやかで大切な一コマです。

本書では、人生の意味と目的を、宇宙や神との関わりから本質のところで把握し、その後、自分を知り感じられるさまざまな有効な手立てとその秘訣を紹介しておきました。

存分に楽しんで読み、この機会にいくつもの観点から自分を探ってみてください。きっとこれまで知らなかった面を発見し、人生が明るくなり、心が穏やかで楽になり、生きる勇気と自信と力、周りに対する思いやりと配慮が出てくることでしょう。

※この本は、二〇〇八年九月四日、五日の二日間にわたってとったリサーチ・リーディングとメモを元に書き起こしました。リーディングを行ったときのソース（情報源）への質問は、巻末に掲載されています。

第1章

人は本当に生まれ変わり、来世はあるのか

人間は誰でも生まれ変わり、これまで長い間にわたり輪廻転生してきています。生まれ変わることは決して特別なことではなく、普通に起きてきていることなのです。ただ、それを自覚している人と、していない人とがいます。

「輪廻転生は信ずるレベルだ」と言う人たちがいます。確かに人類の歴史上では、転生観が信仰と密接不可分だったことはあります。しかし近年、輪廻転生が客観的に扱われるようになり、科学のメスも入れられるようになりました。それによって、「生まれ変わりがあることを信ずるかどうか」というレベルから、「そもそも輪廻転生は事実としてあるのかないのか」が真剣に検討されるようになってきました。

宗教や哲学や信仰と、輪廻転生やそこで働くカルマの法則とを無理に分離する必要はありません。なぜなら、その応用編とでもいうべきことですが、カルマを浄化し、人間を良くしたり、正したり、あるいは癒す必要がある場合、方法として、宗教や信仰は深く関わる事柄だからです。

もちろん一方では、医学や心理学、あるいは教育などからのアプローチによって、たとえ生まれ変わりがある場合でも、人間の体と心を治し、育成することは可能です。

さまざまな方法はあるにしても、生まれ変わりの本質に関わる所では、魂や霊を抜きにして論ずることはできないため、生まれ変わる人間の実態を見極め、どのようにして人を良い方へ導いていくかという改善策や対処法は、依然として宗教や精神的領域に多分に負う所があります。

その意味では、人の転生を扱う時、特に宗教や精神世界を意識しすぎたり、無理に排除する必要はありません。むしろ平らな心で、それらの中から人間を良くする手立てや方法を参考に取り上げつつ、十分活用していくことこそ、輪廻転生やカルマを踏まえた人間を浄化し、向上させる道を歩ませることになるのです。

また、これまで続いてきている各宗教や宗派にそれぞれある、人間を良くする手立てなどにも参考になるものがあることでしょう。

本書では、特に具体的な特定の宗教宗派によることはしません。むしろ、全体的で平らなONEの視点から宗教の本質の立場に立って、本当のもの、良いもの、役に立ちそうなことなどを紹介していきます。あとは、各個人やそれぞれの宗教的な立場から、ここに紹介されたものを受容し、取り入れ、実践していくことをお勧めします。

どの時点に立って見た場合でも生まれ変わりは真実であり、現にあるものです。その時点に立つと、その前は前世、その時点は現世あるいは今世、そしてそれ以降は来世という区分になっています。

それも時が経てば、かつての現世は前世の一つとなり、来世と捉えられていたものが今度は現世となるのです。そして、もっと先が来世と見られるようになります。このことからわかるように、前世・現世・来世とは不動で絶対的なものではなく、それらをどの時点に立って見るかによって、それぞれの捉え方や呼び名が変わってくるものなのです。

時の流れの中で人は生まれ変わりつつ、あの世とこの世とを行き来し、前世・現世・来世という三世にわたって、カルマの因果の法則に基づき生まれ変わっていきます。本書は、前書の現世編に続く、来世編として編まれた『自分探しの旅』となっています。


では、現時点に立って見た場合、誰にでも来世があるのでしょうか。

最も長い人の場合、一千万年ほど地上との関わりで生まれ変わってきています。短い人では、この二万年ほどの間で生まれ変わっています。平均するとすでに十万年程度、人は生まれ変わってきています。

このように、生まれ変わってきた期間にはかなり個人差が見られ、生まれ変わりの回数としては、多い人で一三〇〇回位、少ない人で三〇〇回位です。

まれに、これまで四回しか生まれ変わってきていないなどという人もいます。しかし、今世が初めてという人は、おそらくいないでしょう。どんなに少ない人でも、四、五回はこれまで生まれ変わってきています。つまり、少ない人でも前世は数回はあるということです。普通は少ない人でも三十数回の前世があります。

ちなみに、人類のお手本となられたイエス・キリストの場合、ちょうど三〇回ほど生まれ変わり、イエス・キリストの人生が最後となりました。仏教の開祖ゴータマ・ブッダの生まれ変わった回数は定かではありませんが、ブッダの前世譚《たん》、本生譚であるジャータカに多数記されていて、法隆寺に残る玉虫厨子《たまむしのずし》にもその一部が描かれています。ブッダ自身が表明し、原始仏典アーガマにも書きとめられたように、BC五世紀のゴータマ・ブッダの人生が最後となりました。仕事、使命を終え、カルマを尽くし、生命存在として完成されれば、再び人間となって生まれ変わってこないからです。

したがって、イエスにしてもブッダにしてもその生涯で完了されたのであり、それ以降人間として地上に生まれ変わってくることはありません。「キリスト」も「ブッダ」も、「人間として完成した」という意味だからです。ですから、前世がキリストやブッダの転生者は存在しません。

そうであるならほかの大勢の人たちも、キリストやブッダに及ばないまでも、ある程度の完成を見れば人生をおしまいにすることはできることになります。

「今の人生で最後となり、来世はないであろう」という人も時に見受けられます。誰にでも前世はあるけれども、来世はある人とない人とに分かれます。前世がない人は一人もいませんが、来世がない人はいるのです。

しかしそれは、実際はとてもまれなケースです。来世がない人は、せいぜい一〇〇人に一人、すなわち一％程度でしょう。大半の人たちはまだ生まれ変わる必要があり、来世があります。それゆえ、来世はあると思っておいたほうがよいのです。

それは自分の一存で左右できるものではなく、今世でおしまいにすることを急ぐこともありません。神仏にお任せすることがよく、人間は今の人生を大切に、周りとの調和の中で精一杯生ききることだけに専心すればそれでよいのです。

たとえ浄化され、ほぼ完成を見た魂でも、生まれ変わってくることがあります。来世があるかどうかは、どのぐらい完成したか、あるいはカルマをどのぐらい果たしたかだけによるものではありません。神仏からお役を頂き、さらなる高みに至るため、また多くの魂たちを救ったり導いたりするため、あえて生まれ変わってくる場合もあるからです。いわゆる菩薩的天使的存在です。

そのため、今世でおしまいになった人の方がまた出てくる人よりも優れていたり、浄化されているとは必ずしも言えません。今世で最後にすることを急ぐことなく、今の人生を大切に、するべき事を果たし、周りを配慮しながら、自分のできる事をしていくことが大切です。

人が生まれ変わってくる目的は、二つあります。一つめは、自分自身の霊的成長と浄化のためです。これには前世で作ったカルマを果たすことも含まれます。責任を果たすためとも言え、往相回向の面です。

もう一つの生まれ変わってくる目的は、社会貢献、他者救済です。人や自然や社会のために、自分を活かして役立っていくこと、つまりより良い社会づくりのためです。仏教的に表現するならば、自利と利他との二つの側面となります。自分を限りなく完成させ上昇していくことと、降りてきて自分を他者のために応用し、役立てていく救済的な慈悲の働きの面とです。後者は、還相《げんそう》回向と呼ばれます。

またこの世に他者のために生まれてくる、その中で自分を活かし役立てていく。親鸞は、この還相回向を強調しました。それは、地上に神の国を実現させることにも関連しています。聖書の最終ビジョンもニューエルサレムの天からの降下、新天新地の実現で締め括られています。この世もあの世も良くなり、両者の進化と調和がはかられること。そのためには、各人の浄化と育成が欠かせません。そのためにこそ、人は再三、受肉し、生まれ変わってくるのです。

もし、後者の慈悲の面を自覚して、それが大切なことだと気づいたとしたら、たとえ自分の修行がある程度まで進んでいたとしても、この世にあえてまた出てきて、多くの人のためになっていくことでしょう。また、その働きによって、自分もさらなる高みに向かっていくことができるのです。

この世に生まれてくることにも大きなメリットがあります。この世は物の領域であり、肉体に受肉すること自体が、物との関わりで生きていくことを表しています。自分の心と体をマスターし、浄め、さらに自分の周りの環境をも収め、統御し、物の世界に一つの秩序を与えていく。この世は、そのことに取り組める領域です。

それによってさらに魂が進化し、大きな器になることができるのです。また、この地上をより良い世界にしていく助けになります。そのために、高度な進化を遂げた実体もしばしば生まれ変わってくるのです。そして、各分野において自分の特性を活かし、役目を果たして、世の中の向上を図ります。

このように自分だけの修行や安楽だけによらず、この世を良くしたり、人々の助けとなるために、愛によって進んで生まれてくる存在を菩薩と言います。そのような素晴らしい人が、各国、各民族、各宗教、各分野にいます。そして、この世での職種、地位、知名度に関わらず、周りを支え、良い感化を与えています。

これまでの人類史の中でも、すでに個人としては転生を完了できるレベルに到達していながら、慈悲ゆえに生まれ変わってきて、多くの人たちのためになってきた者たちがいます。そのおかげで地球も危機を脱し、いろいろ課題がありながらも着実に良くなってきているのです。生まれ変わる者にとっても、あの世にとどまるよりも、この世に生まれ変わってきた方が修行になり、さらに進化を遂げやすいこともあるからです。

たとえこの世で物に縛られ、多くのしがらみがあり、不自由だったり、さまざまな誘惑があったとしても、この地上にはこの地上の良さがあります。また何よりも、この世は本来極楽浄土であり、素晴らしい世界であることも忘れてはなりません。

自分が転生する必要のない所まで来ているかどうかは、あまり問う必要はありません。また生まれ変わってきて、来世を過ごすことには十分なる価値があります。

それゆえ、霊的世界に還ることばかりを望まずに、この地上のメリットや意義、この地上こそが浄土であることなどを認識し、また地上を浄土に設《しつら》えることが人類の使命であることを大切にしつつ、来世を楽しみに、肯定的、前向きにプランニングしていってください。それが健全で、神仏のお心に沿う人間としてのあり方と心がけです。

結果として今世で最後になったならば、それはそれで良いことです。ただ、いまこの世に生きている人間側の捉え方や姿勢としては、来世に関して肯定的、意欲的であることが良いのです。執着や未練というものを脱し、来世を清らかな心で、肯定的にプランニングしてみてください。

最終的には、あの世とかこの世とかという囚われもなくなり、どちらにいても同じ自分の状態であることがわかれば、今世で最後かどうかということにはそんなにこだわらなくなることでしょう。与えられた今世を十分に生きて、来世につなげていくように心がけましょう。人生はまたとない訓練とテストの場であり、同時に恵みでもあるからです。

第2章

来世を決めるのは、いま

前世での行い、すなわちカルマが、現世の自分の状態や境遇を創り上げています。カルマとは、行いに関する因果関係のことです。

この場合、行いには思いや言葉も含まれます。仏教では、意業《いごう》、語業《ごごう》、身業《しんごう》と言います。三つの行いによって、その結果として現世の自分のあり方が規定されています。

良くも悪くも現在の状態と状況は、前世の思い方や行い方に基づくものなのです。それと同様に、来世がどうなるかは、今行いつつある事によって自らの生き方が決めつつあります。今、目の前の事柄にどのように対処するかが、来世を決めつつあるのです。今の考え方や生き方そのものが、来世を創り上げつつあります。現在と未来との間にも、カルマの因果の法則が作用するからです。

今、目の前の事をどう捉え、どう対処していくかに留意してください。今、目の前の事を、大切にするのです。自分の抱く理想に従って、行うこと。それが未来をより良いものにしていくこととなります。

いつでも、今、この瞬間しか自由にはなりません。今目の前の事に専心して、今この瞬間を大切にすること、与えられている自由意志を目の前の機会に最大限に活かすこと。それがひいては未来を大切にしたことになるのです。

たとえば今、目の前に四つの選択肢があった場合、関わる人にとっても自分自身にとっても最良の選択肢を選び取り、そこに自分を向けていくことです。

選択肢の中から選べない場合は、一つの事柄に誠意をもって取り組み、これまで経験によって知らされたことや、今心の中に思うことに最善を尽くして応用し、誠実に関わることです。これまで気づかせられたり、教えを学んできたりしたこと、また、今思い浮かぶことを参考にしながら、来世のビジョンも見据えつつ、今ここでベストを尽くすのです。それによって、未来をより良いものと変えていくことができます。

現在の状態は前世の結果であり、今行いつつある事が来世を決めつつあるのです。来世は予め決まっているものではありません。人間は過去は変えられませんが、未来は変えられます。未来は完全には定まっていないからです。そして、今創りつつあるものこそが未来です。

過ぎてしまった過去は、変えようがありません。ただ、過去を理解し、過去を癒し、過去を参考にしたり、過去の事との関係づけを変えることは可能です。すると、現在から未来も変わるということはあります。

その意味では、過去を扱うことも価値があります。時間的には過去でも、現時点の中にそれが存在している限り、済んだ事とは言えないからです。

そもそも、物理的には済んでいても心理的には完了していないことを「カルマ」と言います。もう少し厳密に言うと、現象としては終わっていても、責任を取らないままにしていたり、心にわだかまりが残されていることが、カルマです。過去の事で果たしていない責任を果たし、真に終えることを「カルマを果たす」、心理的にはまだ収まっていない事を済ませる事を「カルマを解消する」、と言います。それらによって本当に完了させ、その事から自由になります。そうすると、過去の良い部分、過去の努力や功績などが、現在から未来にかけて真に生きてくるようになるのです。そのために前世を扱います。

前世・今世・来世をきっぱりと分ける必要はありません。意識や心の世界では、本来時間という観念はないからです。本当に目覚め、悟りの境地に至れば、時間が存在しないことがわかり、前世と今世と来世が一つであることが知らされることでしょう。

悟ると時間からも空間からも自由になるので、過去も現在も未来も一気にわかります。それらの間にそれほど大きな違いはありません。過去と現在と未来がつながり合い、連動していることがわかります。時の流れは、絶対的なものとして過去から未来に進み、一方的に人や現象を規定するだけのものではないということです。

来世は、全くの白紙ではありません。大まかにはすでに見えつつあります。それゆえ、前世を読み取ることが可能なように、すでに決まりつつある来世を読み取ることも、ある程度は可能です。前世ほど読み取るのは簡単ではなくても、来世はある程度定まりつつあるため、読み取ることは可能なのです。

しかし、チャクラや意識が目覚め、三次元の制約から脱した魂だけが、来世を自分のものも他者のものも読み取ることができます。来世での転生を予告した事例をいくつか紹介しましょう。

キリストは再臨という形で、ブッダ自身は最終人生でしたが弥勒仏《みろくぶつ》として、将来が示されました。

チベットのダライ・ラマは、自分が次にはいつどこにどんな人物として生まれ変わるかを、予め明かすことがあります。それに従って、次のダライ・ラマも生まれてくる赤ん坊の中から探し当てられます。そして、前のダライ・ラマの予言に基づいて該当する赤ん坊を見つけ出し、その赤ん坊をテストさせて、確かに先代のダライ・ラマの生まれ変わりだということがわかると、次のダライ・ラマとして英才教育が施されます。

このように、チベットではダライ・ラマが代々生まれ変わりながら、そのお役を継承しています。それは、ダライ・ラマが高みに到達していて、自分の来世が予めわかるからこそ可能なことです。

また、サイババも、今世のサティアのサイババが他界してほぼ九年後、今度はプレマのサイババという名で転生することを自ら予告しています。今世の直前の前世では、シルディのサイババだったといいます。

エドガー・ケイシーも前世を読み取ることが得意でしたが、自分の来世も予告していました。エドガー・ケイシーは、使徒ヨハネの来世として、ヨハネが二〇世紀半ばに再生することを予告しましたが、自分自身の来世も二つほど自覚していました。一つめは、西暦一九九八年に自分は転生するであろうことをリーディングの中で語りました。二度目は、二一世紀後半に自分が転生してくる姿を予見しました。

「私は二一世紀後半の地球に再び生まれている。アメリカのネブラスカ州、これが来世の場所だ。私が二〇〇年前のケンタッキー州に生まれていたこと、行っていた仕事を話すと学者たちは、とても興味を示し各地に連れていってくれた。太陽の異常な活動により、地球は甚大な被害を受けたが、力強い再建が始まっており、都市は巨大なドームで覆われている。そのドームの下では人類がにこやかに暮らしている」

本山博博士は、今世の後は二〇〇年程後に、日本ではなく広い大陸に生まれ、偉大なる仕事を為すことを予感しています。

このように、本当に目覚めて時間の制約から脱した魂は、来世もある程度わかるようになります。すでに高度に進化を遂げた実体は、前世ばかりではなく自分の将来がわかるのです。

また、一般の人の場合でも、「自分は今の人生で早くに亡くなるけれども、次は甥となって生まれ変わってくる、あるいは孫として生まれ変わってくる。そしてその証拠をちゃんとその時は示す」、そのように予告して他界し、実際その通りの事が起きていることが、これまで幾つかのケースが輪廻転生の世界で見出されています。

自分のカルマや意向を超えた、もっと大きなカルマや意向によって突然の死を遂げた場合は、生まれ変わりが早くなることがあります。それが予感された場合、すぐ次の生まれ変わりも意識上にのぼり、周りの人に「親友の子として生まれ変わる」とか、「自分の親族の姪っ子に三年後に生まれ変わる」ということを約束して他界するケースもあるのです。

そしてその場合、本当にその魂であったことを立証できることを、新しく生まれてくる赤ん坊が示します。それは、人間が生まれ変わることを周りに示すためと、もっと具体的には、自分が誰それの生まれ変わりで、約束を果たしたことを周りに示すためです。神がお許しになられ、必要があれば、普通の人でもこのような事を起こすことがあります。

来世は、前世のようにすべてが定まっているのではなくても、今創りつつあるということから、ある程度予測することは可能です。

「ある程度定まっている」とは、今行いつつある事が定めていることばかりではありません。仏教でいう無表業《むひょうごう》があることを見落としてはなりません。

今行いつつある事だけが来世を創るのではなく、人の中にはこれまでの幾多の生まれ変わりの中でまだ顕れて出ていないカルマ、返済されていないカルマが、潜在化した状態で深層意識にしまわれています。仏教ではその心の蔵を阿頼耶識《あーらやしき》といいます。その中に、種の状態で無表業があるのです。

もし、今行いつつある事とともに果たされていない無表業までも読み取れれば、来世はかなりの程度で予知することができることでしょう。来世を決める要因の一つに、本人の自由意志や、それに基づく本人の願いがあります。強く願うとそれが叶い、その通り来世に生まれ変わってくることがあるからです。

では、自分が願った通りに、次生まれ変わってくることができるのでしょうか。生まれ変わりは、それほど都合良くはなりません。実際はほかのさまざまな要因の絡《から》みで、いつ、どこに、どのような人として生まれ変わってくるかが決まっていきます。

第3章

来世とは、未来の自分

人は、前世・今世・来世の三世にわたって、カルマの因果に基づき生まれ変わります。それゆえ、生まれ変わりを司《つかさど》るカルマを洞察すれば、これから未来へ向けてどのように推移していくかを推察することができます。

来世を知りたいなら、まず、今その人がどんな意図で実際にどんな事を行いつつあるかを見ることです。それとともに、その実体の数万年に及ぶ転生の大きな一つの流れを遠く高い視野から鳥瞰《ちょうかん》する形で捉えることが必要になってきます。

因果に基づく継続から見ると言っても、今のこの人生からすぐ後の来世だけを見ようとしても、それは困難です。そうではなく、人は何十回と生まれ変わってきている存在であることを認識し、神によって生命が誕生させられてから今日に至るまで、その実体がどのように推移してきたかを大まかに捉えることが必要になります。その上で、これからどこに向かおうとしているかを感じ取っていくのです。

人は、まだ時間も空間も存在しなかったあり方の中で計画され、神によって発出されました。最初は宇宙も霊的世界もなく、ただ神だけがおられました。

神が霊的世界、そして物理的な宇宙を創造され、聖書の創世記にあるように段階を追って次第にさまざまな環境が整えられ、人の元になる霊も創られました。それらはしばらく霊的世界にありましたが、次第に自分を意識し、ついには霊的世界から降下してきて地上に生物の一つとして生き始めました。そのような人間に対し、生まれ変わりの法則を設け、それをもとに導き返そうとされるようになりました。

人は、最初から生まれ変わり始めたのではありません。転生受肉をする前のほうが、はるかに長い期間があったのです。人はまず、霊的存在として同時に創造されました。すべての人間は、同一起源を持っています。同じ神、宇宙創造神から、同じ時期に、同時に創造されたのです。

その後、しばらくは霊的世界にとどまっていました。最初に地上に降下していった魂たちは、一千万年前からです。それから徐々に他の魂たちも地上に降りていくようになりました。

ヒトという種の生命体が霊的存在として神によって創造されたのが、時間的にいつと言うことは困難です。ただ確実に言えることは、生まれ変わるようになったのはごく最近のことだということ、したがって、生まれ変わり、動物的形態の転生受肉、人への再生が始まる前の霊的世界に霊的存在としてとどまっていた期間のほうがはるかに長かったという事実があることです。

それからは、個人差はありますが、次第に地球上に受肉し、いわゆる人間としての生まれ変わりが始まりました。霊的存在は、それによって人間になり、地上に姿を現しました。

生まれ変わりは無意味なものではありません。浄化と育成が目的として、神のお力とお導きで生まれ変わらせられています。肉体をその都度作るのも、神様のお力やお導きを頂いて初めて作れるのです。そして、そこに宿ります。親鸞はそれらを、他力による往相と還相との二回向と表現しました。

最終的には、生まれ変わりながら必要な学びを得て、一つの生命体として仕上がり、元の神の所へと帰還します。それまでの間は、しばらく生まれ変わりが続きます。

生まれ変わる期間は、その生命の全過程のうちのちょうど真ん中の辺りだけです。これまでに数十回生まれ変わり、これからは数回の人もいれば、これから数十回また生まれ変わる人もいることでしょう。

地球上での生まれ変わりが終わっても、すぐに本源に還れるのではなく、霊界に行ってからもさらに導かれ、修養を積み、それに伴い上昇して、いずれ本源に還る時が来ます。

まず、大まかにこの全体を捉えなければなりません。それは、人間の共通した運命です。その間で数十回から百数十回程度生まれ変わり、その前とその後は、それぞれ霊界にいます。この世に人間として肉体を持って生きていることはまれであり、それだけ貴重で、ありがたい機会なのです。

今世で最後の人でも、いきなり本源に還れるほど簡単ではありません。霊界に行ってからの修行やするべき事が待ち受けていて、それらをこなし、十分な成長を遂げて初めて本当にすべてが終えられます。

そのプロセス自体がとても大切でありがたいものですので、少しでも早く本源に還ろう、また早く解放され楽になろうと慌てる必要はないということです。それはちょうど、登山に喩えられます。頂上に登るのが目的だとしても、途中のプロセスを楽しみ、味わうところに意義があるのと同じです。

このような全体のアウトラインを捉え、それを自分やほかの人にも当てはめて、それぞれの個別的、具体的なたどってきた道のりをほぼ認識できてこそ、初めてこれからその人の来世はどうなっていくのかが見えてくるのです。

たとえ、逐一具体的に自分や誰かのこれまでのすべての魂としての宇宙的歩みを認識できなくても、大まかな一つの流れの傾向が捉えられてこそ、初めて来世と今後の方向が見えてくるのです。

今世とすぐ後の来世だけを見ようとしても、あまりにも部分的で近視眼的なため、次の人生がどうなるかはわかりようがありません。人は大きな流れの中で生まれ変わるのです。

喩えて言えば、車で今どこを走っていて、二、三時間後にはその車がどこを走っているのかを知りたいなら、まず、現時点を正しく認識するとともに、その車がどこから出発して、どれだけの行程を走ってきたのか、そして今、どこに向かって走りつつあり、最終的にその車はどこに到着しようとしているのか。その全体像をつかまない限り、二、三時間後にその車がどこを走るかはわかりようがないのと似ています。

生まれ変わりにおいても、大局をつかめなければ、今の人生の現時点がどこに位置し、どこに向かって走りつつあるのか、そして二、三〇〇年後の来世にはどこに位置しており、どういう状態なのかはわかりようがないということです。

これまで、その車がある一定の所から出発し、何十時間も走り続け、すでに何百キロも走って、今ここに位置していること。そして、これからも何百キロと、何十時間かけて長距離を移動していくことだと捉えてください。生まれ変わりも含めた一生命体の来し方行く末とは、そのように長期的な旅です。しかもそれが、宇宙創造神の遠大なご計画に沿って行われています。

それゆえ、自分という車がこれまで何万年から何十万年、地球との関わりでいかに輪廻転生してきたか、その歩みのプロセスの大筋が捉えられてこそ初めて、次にどうなるのかが推し量られるのです。生まれ変わりは、必ずその生命体の一つの流れの中で起きてくることです。

したがって、自分の来世や誰かの来世を知りたければ、それぞれの人がこれまでの何十回にもわたる生まれ変わりをどのように経てきたか、その大きな道筋や方向が見えてこない限りは、次どこにどんな人としていつ生まれ変わるかはわかりようがありません。

大きな一つのうねりの中で、それぞれは固有のカーブを描きながら生まれ変わってきています。そのカーブは、それぞれに個別的で、ユニークなものです。


また一方で、人は縁によってグループでも生まれ変わる傾向があるので、それぞれの実体がどのグループに所属しているか、そして、そのグループは二、三〇〇年後にどこに向かっていこうとしているのか。それが読み取れてこそ初めて、その人は今度はどの国のどの辺りに、いつの時代、何十年後か何百年後かに、どういう役目を持って、どんな人間として、どの家庭に生まれ変わってくるかを推し量れるのです。

人は単に個人のカルマや意向だけで生まれ変わるのではありません。時には本人の願いが叶えられて、数年後に同じ家庭や友人の家庭に生まれ変わることが、例外として起きることもあります。しかし、ほとんどの場合、自分の所属するグループの中で、二〇〇年後から三〇〇年後に生まれ変わるペースが今は基本的です。

数万年前から数千年前までは、千年から五〇〇年に一度の生まれ変わりのペースでした。しかし、地球の環境が多くの人口を擁することを可能にしたことと、それぞれの魂が進化を遂げ、乗り物としての肉体を早く作れるようになったこと、その二つの理由によって、生まれ変わりのペースが早まり、今は二五〇年平均で生まれ変わってきています。そのために世界人口も増えています。

しかし、自分が現実逃避をして自殺したり、あるいは問題を抱えている魂だったりの場合、千年以上生まれ変わらないことが今でもあるなどの例外もあります。一方、かなり進化を遂げて霊界で悠々自適に暮らしている高位の魂も、千年以上生まれ変わっていないことが今でもあります。

また、個人のカルマや事情を超えた所で命を落とした場合は、数年から数十年という非常に短いサイクルで生まれ変わってくることも起きています。しかし、それらの例外を別とすれば、今は二〇〇〇年から二五〇〇年で生まれ変わってくることが一般的です。普通程度の平凡な魂が頻繁《ひんぱん》にあの世とこの世とを行き来しているのです。

昔よりも生まれ変わりのサイクルが全体として早まった結果、文明の推移も変化に富み、目まぐるしく変わり、また、人口も増加の傾向にあります。現在の日本が少子化に傾いているのは、生まれ変わりのサイクルが延びてきたことと、日本の中だけでの生まれ変わりから脱しつつあることの表れです。国際結婚や海外移住も増え、日本でもグローバル化が進み、これからは日本人も世界中に生まれ変わるようになることでしょう。それに伴い、民族意識も弱まるはずです。

このような今の生まれ変わり事情を知らなければ、次にどこでどういう人物として生まれ変わってくるかは予測がつきません。

そして、自分の状態や個人のカルマや意向だけで、次にどこに生まれ変わるかが決まるのでもありません。グループソウルの生まれ変わりの趨勢《すうせい》が読み取れないと、個人のカルマも来世も読むことは困難です。さらには国のカルマとその動向、民族のカルマ、地球や人類のカルマとその動向がわかって初めて、それぞれの人がいつどこに、どういう人間として、今度はどんな学びや役目を担ってその中で生まれてくるかが見えてくるのです。

たとえば今日本人である人が、次も日本にまた生まれ変わるのか、あるいはオーストラリアなのか、アメリカ合衆国なのか、アメリカ合衆国なら白人として出てくるのか、ネイティブアメリカンとして出てくるのか、あるいはヨーロッパのフランスに出てくるのか、中国に出てくるのか。それがわかるためには、その人のこれまでの生まれ変わりの流れ全体が認識されているばかりではなく、国の将来と役目と状態と環境、民族のカルマや運命や将来の要請がわからない限り、来世もわかりようがないということです。大きな単位と無理なく噛《か》み合いながら、個人の転生はその中の一駒として現れるものだからです。

たとえば、次は二〇〇年後に出てくるとした場合、二〇〇年後の地球でのオーストラリアの事情、アメリカ合衆国の事情、中国の状態、日本の二〇〇年後の様相など、またそれぞれの国で求められていることなどがわからない限り、二〇〇年後どの国に生まれ変わるかは読み取れません。

このように、二〇〇年後や二五〇年後に生まれてくる場合、自分がどの国の人間として出てくるか、それがわかるためには、二〇〇年後の世界の様子、またその国の状態やカルマや国の目的、特徴などが予測できないと、どこの人として生まれてくるかはわかりません。

その未来では、現時点の日本、アメリカ合衆国、中国ではなく、国も民族も、変化している世界です。

「自分自身は、三千年前までは主にシベリアとモンゴルと中国で生まれ変わっていた。この二千年間は、主に日本で生まれ変わってきている。そして、日本での生まれ変わりの目的と学びが、ほぼ達成されつつあるのが今世である。そして次の二〇〇年後は、オーストラリアの態勢が整い、自分たちのグループソウルは主にオーストラリアに転生していく」。そのようなことがわかって初めて、次は日本ではなくオーストラリアだと読み取ることが可能となります。

しかし、ある人の場合は、これまで千年だけ日本で生まれ変わってきており、日本に生まれ変わる目的や役目が成就していなければ、二〇〇〇年後や五〇〇〇年後の続く一つ、二つの来世は、また日本の可能性が高くなります。あるいは今世は日本でも、直前の前世は中国で、来世はその時のものを果たすため、再び中国に転生する人もいます。

このように、来世がどうなるかには個人差が大きくあります。人が生まれ変わる場合、個人のカルマや学びの必要性、本人の願いや意向だけで生まれ変わるのではなく、グループや国、民族、さらには地球や人類のカルマや学び、今後の国の動向などに応じた絡みで、どこの国に、いつごろ、どんな人として出てくるかが決まります。

もともとヨーロッパで生まれ変わることが多かった魂なら、今回は日本でも来世はヨーロッパの可能性が高いでしょう。今世の学びや果たすべきカルマ、また役目などが日本にマッチしていたから、日本人に出てきました。しかし、来世の必要な学びや果たすべきカルマの種類、そして使命の方向性やふさわしい舞台がどんなものかがわかれば、おのずとどの国のどんな状況に、どんな人として今度は出てくるかが予測できます。

本人の意向や願いだけで決まるのでなく、神のご意向、神のプラン、全体の動向という客観的な観点が考慮されねばなりません。

ある程度意識が目覚め、自分のカルマや事情、自分の個人的願いや執着などから脱却して、真実の命の世界に身を置けるようになった者は、自分やほかの人の願いや将来必要となること、全体の動向、神のご計画やなさろうとしていることがわかるため、それぞれの人が今度はどの国に、いつごろ、どんな人として出てくるかがいろいろな絡みで決まることを読み取ることができます。

来世を正しく予測するには、今世とすぐ次の来世だけ見ようとしても決してわかりません。今世の前の数十回に及ぶ前世の種類、どの辺りでどんな人生を送った人なのかが次の来世に出てくることなので、それが具体的にわかって初めて、来世を正しく予測することができます。霊的には転生を司られる神のその人に対する意図、プランが読み取れるようになることで、来世が予見されるのです。

たとえば、家系的な遺伝を考えてみてください。今の自分と、自分にどんな子どもが生まれてくるかを予測する場合、今の自分と生まれてくる子だけを見ようとしてもわからないでしょう。自分の家系のご先祖さんや自分の両親、また、配偶者の家系やご先祖さんや両親、また、それぞれの家系の将来の方向や神の意図などを全体としてつかんでこそ初めて、自分の子どもにどんな子が、いつごろ、何人生まれ変わってくるかを予測できるのと似ています。隔世遺伝が強い場合もあり、自分に似ていない子も生まれてくる可能性もあります。

それと同じように、今世の自分にはないある前世の部分が今世を飛び越えて、来世に顕在化することもあるのです。

来世といっても、一つだけではありません。前世がたくさんあったように、来世も一つだけの人は少なく、たいていの場合来世も複数待ち受けています。今世も含めたこれまでの前世の歩みが、神のご計画に沿って、カルマの動きや必要な学びや成長、また役目との絡みで、さらに他者との関連づけで、いつ、どの国にどんな人として今度は出てくるかを決めてくるのです。

国や民族も、それぞれの運命やカルマや目的を背負っています。そのため、それぞれの国や民族もさまざまな変化を遂げながら、これからも移行していくことでしょう。そのような流動的な国や民族やグループと、個々の人の流動性が絡み合い、相互に影響を及ぼしながら、一番の根本では神がいいように計らわれて、人は転生していきます。そして、その間を縫うようにして、各自の個人の願いや意向もある程度は作用していきます。

しかし、それは頭で考えたり、また分析をしてわかることではなく、ここまでに述べてきたような事情を背景にしつつ、本人の霊が目覚めて、「次の来世は、どこそこにいつごろ、こういう人間として出てくるに違いない」ということがパッと浮かんでくるのです。しかし、それも完全に定まったものではないので、予言がすべて当たるとは限らないように、来世に関することも一つの傾向、可能性として捉えた方がいいでしょう。

確かに、来世がかなり定まっている人もいます。それはちょうど、今世の職業や結婚相手や住む場所がほぼ定まっていて、それを予め読み取れて告げられるように、来世もほぼ定まっている人もいます。

しかし、将来のことが定まっていない人も多いため、どんな能力をもってしても来世を読み取れない場合もあります。また、神がお許しにならない限り、能力があってもわからないこともあることでしょう。必要があり、それがためになるならば、来世もある程度わかることはあります。

来世を認識する方法として、アカシック・レコードにアクセスする方法があります。アカシック・レコードには、過去・現在・未来のすべてが記されています。前世という過去だけが記されているのではありません。アカシック・レコードにある生命の書は、過去・現在・未来のすべてにわたっています。

アカシック・レコードには個人に関することばかりでなく、グループや国や民族、地球などに関する大きなことも記されています。だからこそ、リサーチリーディングや世界予言リーディングもできるのです。

しかし、記されているといっても、未来がすべて定まっていて変えられず、人の運命がそれにがんじがらめにされているということではありません。「大まかにこういった方向になりやすいし、それが神の要請でもある」ということです。また、告げられるタイミングや、告げられる必要があるかどうかもおのずと考慮されます。その範囲の中で、アカシック・レコードにアクセスすれば読み取ることが可能です。

アカシック・レコードにアクセスする時は、肉体から霊体を分離し、リラックスした状態で体から離れ、トンネルを速いスピードで抜けていきましょう。トンネルを抜けた所に、草原が広がっています。その丘に白い寺院が立っています。

その寺院の中に入ると、指導霊、あるいは管理者が立っています。そして、誰のレコードをどんな目的で探しに来たかを伝えると、許可があれば通され、寺院の中に案内されます。そこは図書館のような場所です。書物を手渡されると、たいていの場合、開かなくても内容がわかります。しかし開いてもよいのです。

このようにして来世も、前世と同様、必要があればアカシック・レコードに尋ねることが可能です。

来世を知る二つめの方法は、夢を応用するものです。眠る前に自分の行く末を思い、遠い将来に思いを馳《は》せてみるのです。そして翌朝、夢を想起すれば、来世を予知夢として見せられたことに思い至ります。それを忘れないうちに書きとめておいてください。眠る前にお祈りして夢に注目すると、それはさらに確実となります。

来世を知る三つめの方法は、順行催眠です。前世を知るための退行催眠は一般に行われていますが、それとは対照的に、順行催眠を施し、時間をさかのぼるのでなく先に進めます。そのような順行催眠によって、ある程度誰でも自分の未来を予感し、それをもって現在どのように生きたらよいかを予め知らされ、それに留意して生きていくことが可能になります。

四つめの来世を知る方法は、リラックスして幽体離脱し、上へ上へと上昇していくものです。そして、時間や空間の拘束から免れ、しばらく高い世界に漂いながら、未来を自分の中で感じ取り、その間に地球上の時が過ぎ去り、ちょうど自分が降りていく頃をイメージして、降下していきます。その頃には、地球の様相も変わっていることでしょう。

「今、降りていく時だ」と感じた時点で、降下していくのです。ちょうど、次に赤ん坊としていつの時代、どの場所に、どの家庭の人間として生まれてくるかを先取り体験することと同じです。

人によっては、今世のコマを進め、自分が年老いて息を引き取り、体から去って霊界に還っていくのを自分の中で思い浮かべてもよいかもしれません。そして霊界にしばらくとどまり、「次生まれ変わる時が来た」と感じて地球上に降りていくのをイメージしてみましょう。

そのようにして、地球に再び降り立ちます。その時、いつの時代、どの国のどんな家庭に、自分がどんな人として、どんな学びと役目を持って、どのカルマを果たすために出てきたのかを確認する方法です。

似た方法としては、自分が軽気球につるされた釣りかごに乗って空に引き上げられ、しばらくその位置から地球を眺め、釣りかごで待機しているのをイメージする方法もあります。

そして、「そろそろ降りていく時だ」という時を感じたら、軽気球がひとりでに降りていきます。どの国に引っかかるか、降り立つかを見てください。どんな家庭に自分は入るのかを追っていくのです。

それは、浦島太郎が竜宮城から帰ってきてみたら、地上の時代がことのほか進んでいて、知り合いはいなくなり、自分を知ってくれている人もいなくて、時代が変わったことにびっくりした物語に似ています。

軽気球から降り立つと、自分の知り合いはもはやいなくなっていて、ことのほか時が経過しているのです。しかし、自分の知り合いはいなくても、周りの人も生まれ変わってきつつあることがわかります。家族や近しい人たちは、共に生まれ変わる傾向があるからです。

ただ、役割反転は起きてきます。親子が逆転したり、自分の夫が父親になったり、自分の親友がお姉さんだったりなどです。

このような役割反転は容易に起きますが、それでも自分ばかりではなく、周りの人たちも一度死んでもまた同じ頃に生まれ変わって、自分の周りにいるか、あるいは自分が成長して時期が来ると再会するのです。ですから、安心して軽気球から降りていきましょう。

また、自分がボートに乗って川をくだることをイメージする方法があります。前世にたどり着く場合は川のぼりをしますが、来世に行く場合はボートに乗って川くだりをします。

ボートが到着した所で降り立ってみると、そこは未来であり、別の国です。家族も多少入れ替わっています。自分にも注目しましょう。自分がどのように変化したか、にです。

自分が空間を先へ先へと流されていくのを感じ、来世を思っているとどこかに引っかかり、そこで見え、体験することを追っていく方法もあります。

また、タイムマシンに乗る方法もあります。ドラえもんの不思議な装置のように、タイムマシンか魔法のじゅうたんに乗って時間のコマを進めるのです。それをイメージします。そして、自分が「ここだ」という所で脱出し、着いてみた所で注目しましょう。そこが次の来世です。

タイムマシンの代わりにタイムカプセルを使ってみるのもよいでしょう。自分に合った方法を採用してみてください。タイムカプセルに乗って、ビュンと速く飛び、どこかに到着します。

降り立った所の国や様子に注目してください。また、自分の状態や容姿容貌、能力や気質、体質にも注目してください。

たいていは因果関係で進むので、現世で終わった状態の性格や気質、体質や能力や願いなどが反映していることでしょう。ただし、現世のものが、すぐ反映してくるとは限りません。

階段を降りてホールに来ると、ドアがいくつかあり、「次の来世」と書かれているドアを開けて入ることもできます。

漠然と将来をイメージする方法もあります。瞑想やヴィジュアリゼーションを使い、自分の来世、遠い未来に思いを巡らし、想像し、味わってみるのもよいでしょう。きっと何かが感じられ、得られるはずです。

テレビかパソコンの画面を心の中に思い描き、操作し、そこに映るイメージに注目してみましょう。自分がその中に入っていくこともリアルな体験と気づきをもたらします。

エレベーターを使う方法もあります。エレベーターに乗って、上昇するのです。前世にさかのぼる場合はエレベーターを下降しますが、来世に行く時はエレベーターを上昇するのです。そして着いた所でエレベーターから降りてみてください。

ひょっとしたら、地下一階は直前の前世、今いる所、今世が一階、エレベーターに乗って二階がすぐ次の来世、三階に行くと次の次の来世に降り立てることでしょう。そのような意識の階層のイメージを利用して、エレベーターの方法を使うことも有効です。

また、時計を使う方法もあります。時計をイメージします。そして、その時計がどんどん進みます。

時計の針をイメージして、時計の針がどんどん速いスピードで進むのをイメージするのもよいし、あるいはデジタルの時計で西暦二〇〇九年の現時点から始め、二〇一五年、二〇四五年で他界して今世を終え、それ相応の霊界にしばらくとどまり、たとえば「二二五〇年」というデジタル時計が年代を表示した時点で自分を改めて見てください。自分の周りの様子も一変していることでしょう。

スピリットガイドに委ねる方法もあります。お願いするのが得意な人は、スピリットガイドを登場させ、案内していただきましょう。スピリットガイドが来世に連れていってくれます。あるいは、言葉で説明してあなたの来世を教えてくれるかもしれません。

リーディングを受けて、来世への見通しと心がけ、留意点を尋ねれば、自分一人で取り組んでいるだけでは得られないヒントが与えられるでしょう。

その他、占星術、自動書記も手がかりになることがあります。人によっては、臨死体験で来世を垣間見ることが起きます。

来世を知る方法はこのように数多くありますが、来世を知る前に、まず今世のこれからを展望してください。そして、車の全行程をまず把握し、ゆくゆくは自分がどうなっていて、どこにいるのかということを確かに認識できれば、最終地点からさかのぼって、今世のすぐ後の来世もおのずと位置づけが見えてくるでしょう。

自分の最終的なゴールである完成形態は、神様が自分に望まれる自分の最も素晴らしいありようのことです。それは、自分の中の願いや希望、理想のイメージから推し量られます。「いろいろ経て、最終的にはこういう形で自分は完成し、それが自分としての最高のありようだろう」。それを予めイメージとして見るのです。そのビジョンさえ把握できれば、最終のあり方と現時点との位置関係や方向から、二、三〇〇年後の来世はどこで、どんな人として、何をするべきなのかがイメージされ、はっきりと浮き彫りにされます。

「今、自分がこれをしつつあり、最終的にどこかに向かいつつあり、そこに導かれている。二、三〇〇年後に次に出てくるのが求められているし、それが良さそうだ。その時は、今している事や方向づけからして、こんな状態で、どこそこに出てきている自分であろう」。そのようなことがイメージとして浮かびます。

遠大で長期的な展望とともに、そこから具体化して、短期的な予測を詰めていくのです。それによって、次の来世、またその後《あと》の来世などもおのずと浮かび上がってきます。

また、幼少期には前世や霊界の記憶がありますが、晩年になると今度は来世や死後の世界が予感されてくることがよく起こります。自分の思いやイメージや願い方が神と真実に沿っていればいるほど、来世のイメージは真相に近くなります。

悠久の時の流れの中で、前世とは若い自分の姿、過去の自分です。一方、来世とは成熟した自分の姿、未来の自分なのです。

第4章

現世と来世の間にある法則

人は何回でも生まれ変わってきます。平均すると、すでに数十回は生まれ変わってきていま
す。これからも個人差はあるものの、数回から数十回は生まれ変わっていくことでしょう。

しかし、ただ意味もなく生まれ変わるのではありません。生まれ変わるのには明確な目的があり、そこには法則が働いていて、一人の人の生まれ変わりは一貫しています。それぞれの人生があると同時に、転生模様は全体で一つになっているのです。正《まさ》しくONEです。

それぞれの人生には関連性があり、脈絡があります。前の人生を踏まえて、次の人生が出てきます。けれども、一つ一つが順番通りに行くとは限らず、たとえば四つ前の前世のものが次に顕在化して出て、四つ前と新しい人生とが類似し、対応していたりもします。

家系の遺伝の中で、子どもが父や母よりも、曽祖父や曾祖母、おじやおばに似て生まれてくることと相通ずるものがあります。

その意味で、人の生まれ変わりは複雑です。全体を捉えて、その中で一つ一つを見ていかないと、次の来世がどのような形で出てくるかはわかりません。順番通り、単純に、一つ一つコマを進めるようには生まれ変わってはいかないからです。それでも、全体として一貫していて、それはさながら長篇の歴史小説やドラマを見るようです。

また、次のような生まれ変わりに作用している一つの法則もあります。太古の昔に、すでに

高みに到達していた実体があったのですが、その後《あと》カルマを作り、一時退化し堕落してしまいました。しかし、そのプロセスの中で貴重な教訓を学んで、人間性が養われていきます。その間はかつての能力や人格が控えられ、別の面が開拓されます。そしてその面がある程度成果を出すのですが、その後《あと》また下降路線をたどって集中的に弱点やカルマが試され、それが顕れ出ることによって、表面的には人並み以下の人生を送ることになります。

そのような転生を繰り返すうちに、ほとんどの罪や悪が払拭《ふっしょく》され、試練にパスして、弱点がクリアーされ、次の人生で太古の時代の能力や人格が一段と高まってバランスの取れた形で現われ出るようになる。そのような特殊なカーブを描いて生まれ変わっていくこともあります。たとえば、エドガー・ケイシー自身の輪廻転生の波が、このような形でした。他にも似たようなカーブを描いた大勢の人々がいます。

数百年前の中世の時代は、ヨーロッパでも日本でも暗黒時代といわれ、魂たちの特質が控えられ、抑圧の時代を体験しました。

しかしそれも、神の大きなご計画の中での必要な一つのプロセスだったのです。その中で人々は貴重な教訓を学び、忍耐という素晴らしく美しい資質を身につけ、人々を配慮し、自分を統御することを地道に習得することに専心しました。

占星学的に見ても、そのような暗黒期は周期的にめぐってきます。

それに合わせるかのように、人の生まれ変わりも行われます。「転生しながら浄化され、進化する」といっても、ジグザグのカーブを描いてアップダウンを重ねながら上昇していったり、ある時はかなり下降路線をたどったりする。しかし、バランスを取るかのように、その後《あと》大きくジャンプする。一見するとそんな変則的な動きを見せます。

単純に「人は進化するから、一つの人生を経るごとに一歩一歩前に進むように動く」のではありません。それでもやはり、実質上は一歩一歩着実に段を上げ、上昇してはいるのです。それが表面の動きとしては変則的な形を取ることも多いのです。

二〇世紀から二一世紀にかけての現代を見ても明らかな通り、今の時代は、決して好ましい時代世相とはお世辞にも言いがたいものがあります。世界大戦は第二次大戦以降起きてはいないものの、局部的には戦争は絶えず、また、この十年来はテロや宗教戦争がとどまるところを知りません。

このような時代の様相を知ると、本当に人は進歩してきたのだろうかと疑問が湧いてきます。しかし、改めてよく見ると、人は確かに少しずつ成長を遂げ、前の事から反省して教訓を学び取って、前進してきてはいるのです。一見すると悪辣《あくらつ》な犯罪が目立ち、倫理観が低下し、マナーがなく、人々は悪くなっているかのように見受けられます。古代人は夜、天空の星々を眺めて交流していましたが、現代人は目の前の狭い人工的なパソコンの画面を眺め、インターネットや株の売買やゲームに首っ引きになっています。それでも、改めてよく見ると、人々は少しずつ良くなり、善意の行動が出てきて、修正がなされてきていることが判明してきます。

今の時代、心や魂や命や精神、あるいは愛に関わることが軽く扱われ、物やお金や肉体などに関する事柄に重きを置いてアンバランスであることは、一つの試みと浄化のプロセスなのです。行き着く所まで行って灰汁《あく》が出し尽くされ、それが試みにもなって、清算を受けて、その後《あと》少しずつ整い、夜明けが来て、素晴らしい時代が訪れるという神のご計画があります。

ただし、それが近未来の西暦二〇一二年に訪れるわけではないようです。もっと長期的に起きることです。むしろ、二一世紀というこれからの数十年間は、まだまだ困難が待ち受けているのです。しかし、その中でも徐々に徐々に目覚めがあり、良いものが動き出し、つらい中で育成されることでしょう。これからの数十年から百数十年が大変な時期になりますが、そこを超えられれば良くなってくるのです。

生まれ変わりの法則も、世相や人類の成長過程と別ではありません。なぜなら人はそのような時代の潮流に合わせて生まれ変わってきて、その一部を形成していくからです。時代の影響を生まれ変わってくる魂が受けると同時に、自分が主体的に周りに影響を及ぼして形成していきます。

基本的には、すぐ前の前世や今世で行ったものを踏まえて、次に生まれ変わってきます。段階を追って成長し、進化していくのです。偶然ではなく、自分が意図し、行いながら決めていくことです。

もし今世で八の段階まで行って他界したら、少なくとも潜在的には八の段階で次に生まれ変わってきます。しかし、それは潜在的に八の段階を種として宿しているということであり、生まれてきた子が最初から八を発揮するということではありません。八の潜在的レベルから始められるということです。その後《あと》どこまで行くかは、その人生の本人の心がけと努力いかんにかかってくることです。それは、中学校に入学した時の成績や実力と、中学一年から二年にかけての進級する時点の学力が、多少入れ替わることに喩えられます。さらに、中学三年、そして卒業する時点は、中学に入学した時点と成績や学力がある程度生徒間において入れ替わってきます。

人と比べたり競り合う必要はありませんが、人が生まれ変わる場合も、一つの学年が一つの人生に相当します。直前の前世が中学一年生、今世が中学二年生、来世が中学三年生と見てください。

学力は大きくは変わりません。同じ人はやはり同程度だからです。それでも、小学校を卒業した時点と高校に入学する時点との間の中学校三年間で、多少学力や順番は入れ替わります。油断すれば成績は落ち、良い心がけで頑張れば上昇していきます。

生まれ変わりにおいても、前世で良かったからと油断していたら落ちていき、追い抜かれるでしょう。今世でお祈りをしたり、教えを学んだり、宇宙の法則やカルマについて理解し、それを活かしていく意義や必要性がそこにあります。

いまはまだ完全には定まっていない来世という将来のために、このような法則が働いていることを知り、今この時、自分が置かれた状況でできる事を果たすこと。また、自分がなすべき務めを良い心がけで精一杯行うこと。これらによって、着実に上昇していきます。それによって、未来は良いものになります。そのためにこそ、来世や前世のことも学び、応用するのです。

転生における心がけや留意点としては、学校や社会での競争ではなく、むしろ譲り合いの精神で周りの人たちを配慮し、自分を反省しつつ、人生の学びや使命に取り組むことです。今の時代は、物、お金、欲望に傾き、勝利、成功、優位、拡張、証明を人々は求めています。

生まれ変わりにおいて、他に競り勝とうとすることほどばかげたことはありません。菩薩も、自分の進歩や救いや安楽さは後回しにして、他の困った人や苦しんでいる人、助けを必要としている人のために自分を喜んで捧げ、道を譲ることをします。それが結局は、本当の意味で自分のためにもなってくるのです。それが自分に良い影響を、来世に向けて及ぼすことになります。キリストの人生はその典型でした。彼は進んで屈服し、負けることによって、愛は与えることであることを知らせました。

人は、いつでもその瞬間に行うことしかほかにしようがありません。過去は過ぎ去ったもので、未来はまだ来ていません。それゆえ可能性は、いつでも今置かれた状況の中で、自分が目の前の事に対してどのように対応していくかにすべてがかかってきます。

どの瞬間もそれに留意し、その時その時を大切に、自分のビジョンに照らしてきちんと行うことを心がけることです。そして、自分本位なふるまいは退化に向かう道であり、利他性が本当の愛で、進化と本源への道であることがわかれば、周りを配慮し、尊び、自分を内省しつつ行うようになるでしょう。

どの瞬間も周りに対してプラスの影響をできるだけ与え、マイナスの影響をできるだけ及ぼさないように留意することです。また、今行っている事が来世を創りつつあるのですから、人生はいつでも先のための準備なのです。

もちろん、今現在は将来のための準備のためだけにあるのではなく、「今」自体が大切ですが、刹那《せつな》的な生き方ではなく、今を十分に活かすとともに、それが未来への備えともなりつつあるということを認識すれば、それは自分の張り合いにもなります。転生を通しての自分の人生目的やテーマ、留意点、役目、固有の位置、必要な学びなどを見ていきましょう。

現在の状況は前世で何を思ってどう生きてきたかの結果であり、来世は現在の心がけと生き方に規定され、今、来世の状態やあり方を良くも悪くも着実に創りつつあるのが人間です。少しずつ未来を修正し、改善していくことに取り組むこと、そしていつでも、今この瞬間に目の前の事を精一杯に果たすことしか人間にはできません。それを知って、どの瞬間においてもきちんと果たすことです。使命の継続、発展、完成を見据えて、今の事に取り組むのです。たとえば今、国のためを思って働いている公務員の人が自分や役所のことだけではなく、もっと広い心で全体のためを思って働いているとしたら、来世では国に関わるような大きな仕事に就くようになります。

現在地方公務員である人が、今の境遇を受け入れて大切にしながらも、受け身的な働き方だけではなく、もっと「国や国民のため」という観点で働いていれば、来世では国家公務員になったり、さらに能力を高めて貢献していけば大臣や、あるいは総理大臣になることもありえます。

今世では文筆業を通して、一生懸命、人に希望と愛と勇気と慰めを与えようと心がけて取り組んでいる人は、未来の自分に贈り物をしているようなものです。今、周りの人たちに喜びと希望をもたらすと同時に、未来の自分に贈り物を与えているので、来世では芥川賞作家になったり、全国紙の重要な部分を担当する新聞記者になったりするでしょう。

しかし、今もし怠けていて、今の自分の能力やポジションに甘んじて自己満足に浸っているだけだったり、あるいは自分の能力や立場や特権を悪用したりすると、来世では文筆業に就きたくても能力を活かすポジションを与えてもらえず、被害者意識を持ってつらい来世を生きることになるのです。

いつでも、状況や能力や人格、そして自分の与えられているものを悪用することなく、善用することです。良い目的のために、精一杯正しい方向づけをし、機会や状況、能力や知識やエネルギーをありったけの思いで善用することです。それによって未来に良い影響をもたらし、今の社会に良い影響を及ぼすばかりではなく、自分の未来にもエールを送っていることになります。

老後の意義と最後まで前向きに過ごすことの大切さも知ってください。死後の世界である霊界についてもよく学んでおきましょう。いよいよ息を引きとる時を迎えたら、神様を思い、信じて委ね、この世の事から心を解き放つこと、そして前方に見える光に向かって迷わず恐れず歩いていくことです。

各自、今自分が置かれた状況や与えられたポジション、現在の能力や知識、エネルギー、あるいはお金や人脈、社会的な資格や信用などの持てる条件を自覚し、ひたすら良い目的のために精一杯、謙虚に、素直に、感謝をもって活かすように心がけましょう。

それは、条件の良いしっかりした銀行に預金をしたようなものになります。利子がついて、二〇〇年後に大きな額になって下ろすことができます。自分の資質を宝の持ち腐れ状態にして人を軽んじたり、自分に甘んじてその状態に居座るようだと、来世は知れたものになります。


お金に関して言えば、いま貧乏か豊かであるかは偶然ではありません。お金持ちはお金を大切にし、活かしてきています。能力があり、自分の能力を活かし、社会に役立ち、人々のためになってきた結果です。お金の法則を熟知して、それに沿ってお金を人々や社会のために活かしてきたので、お金が増え、お金持ちになっているのです。

一方、負債がある人は、マイナスの部分をどんどん増やしてきてしまっています。

お金はカルマの喩えです。プラスのカルマ、つまり善業で福徳を作ってきた人たちは、今健康にも恵まれ、良い環境や境遇にいます。

人格、体質、能力、境遇、それらは本人が自分で作ってきたものであり、神様に預ける、つまり委ねると利子がつきます。自力で頑張り、励むことが基本ではあるものの、神との関わりで委ねると、信頼の置ける大きな銀行にお金を信じて預けるようなものなので、それが守られるばかりではなく、利子がついて授け返されるのです。

自分だけで頑張って生きることが、今の時代では一般的です。それは喩えて言えば、自分の能力と働きで頑張って稼ぎ、それを家の中に現金で蓄積していくことに似ています。

一方、神仏との関わりで生かされて生きる人生を歩む人は、自分が頑張って働くばかりではなく、銀行を活用し、預金して利子を増やし、また、その利子の分で人を助けたり、人に恵むことでますます豊かになり、額が増えることに相当します。

また、お互いに豊かにし合う互いの関わりを作っていくと、共通の使命も大きく果たされます。使命を遂行することは、自分の性格や能力、健康などを増強する、つまり額を増やすことになるのです。資産や財産は、物やお金ばかりではありません。無形の財産があることを知るべきです。

イエス・キリストも、「地上に宝を積むよりも、天に宝を積みなさい」と奨励しました。地上に貯めても強盗に盗られるかもしれず、保障はありません。地上のしっかりした倉庫でも、古びたり、浸水したり、火災や地震に遭うかもしれないのです。

それよりも、形を超えた天の世界に宝を積みましょう。そうすると守られ、地上のどんな銀行よりも利子が増えます。特に、回向や供養などを行って福徳を神様のお力添えでめぐらすと、それがいろんな人をめぐり、多くの人の感謝と喜びの想念でもって何倍、何十倍にも膨れ上がって返ってきて、人格や能力や健康が大いに向上します。

今世で行っていることの未来への影響は、単純ではありません。今現在、人格や健康状態や能力や働き具合が人の何倍もある人は、そのような法則をどこかで悟って活用してきた必然的結果なのです。それゆえ、慈悲の法則を知って利他的にこれからの人生を生きれば、今までの何倍も可能性が出てくるのが人間です。

人にした事が自分に返ってくるのがカルマの法則です。神に喜ばれ、人にも喜ばれるように振り向ければ、単純計算ではなく何十倍、何百倍にも増えていくということです。たとえば松下幸之助でも、あるいは発明家のエジソンやアインシュタインでも、音楽の作曲家のモーツァルトでも、この法則を悟って人生に活用した結果、最後に傑出した人物として世に出、多くの人に希望と勇気と喜びをもたらしたのです。

法則は一つです。それは誰にでも作用します。生まれてきたなら、この法則に目を向け、自分もその法則に沿って行うことが、神に喜ばれる生き方となるのです。

第5章

来世での縁

人は、個人であると同時に、集合体の一員でもあります。神によって創造され、本源から発出された時点で、すでにグループがありました。

もっとも、そのグループは絶対的、固定的で変わらないものではなく、一人ひとりの自由意志や意向も認められ、考慮されているので変わることもあります。

また、一人の人がいくつかのグループに関連していることもあります。途中で移行することもないとは言えません。一時的にだけどこかに深く関わる人もいます。本来の所から逸《そ》れてしまっているので、その時人は落ち着けず、自分らしくいたり自分を活かすことができにくく、ここは自分の居場所ではないと感じます。

しかし、それにも意味があり、何かをそこで学んだり、元の所に離反することで本来の自分を自覚させられる体験になったりしています。

すべてに意味があるといっても、自分がわざわざ招いたことでもさほど意味がないことや、単純な誤謬《ごびゅう》もあります。しかしその場合でも、神が最終的には良きに計らわれ、本人の試練や学びに振り替えてくださるようになるのです。そのような神の大きな慈愛に気づければ、油断はしないけれども安心することはでき、思い切って学びに取り組んでいけます。過去を受け入れ、今ここからスタートしていくことができます。

輪廻転生による学びとは、頭で覚える知識や情報というものよりも、身をもって体験することで気づかされ、体感しながら感情も交え、会得していく場合が多いのです。
その過程では、カルマが顕れ出て物理的に対処を迫られるばかりでなく、心の次元でも不安や苦しみや悲しみ、怒りなどを味わいながら通過していく場合がほとんどです。それは、物理的・客観的な次元でカルマが浄化されるプロセスと同時進行で、心の次元でもカルマを体験し、カルマが顕れ出て、浄化されていくプロセスになっているのです。

個人のカルマがカルマのすべてではありません。たいていは他者との関わりの中でカルマが生じます。

縁という場合、純粋なつながりと、カルマ的なものがそこに付随するものとの両方がありま す。ただ純粋なだけのつながりは、この世ではほとんど見受けられません。いちばんの元は純粋なつながりの場合でも、何十回も生まれ変わってくれば、必然的にカルマも付着してくるものです。

カルマだけのつながりなのか、それともカルマだけではなく元には純粋なつながりがあるのか。それはカルマが顕れ出ているために問題が起きたり、苦しんだり、争ったりしている間ははっきりとはわかりません。しかし、学びを終え、役目を果たし、カルマが解けた時点で、最終的に二つの結論のいずれかが出ます。

一つは、カルマが解けた結果、お互いに自由になり、離れられ、それぞれが別々の所で生き、活動できるようになるケースです。この場合はカルマだけのつながりだったので、カルマが解けた結果、お互いに別々になれて、自由になることができます。

もう一方で、カルマが解けた結果、つながりが深くなるという関係が起こります。これは、カルマだけのつながりではなかったので、カルマが解けたことでお互いの間のわだかまりや抵抗感や行き違いがなくなったのです。また、互いにカルマを果たすプロセスで学び、成長を遂げて大きな器になれたので、もともとの純粋なつながりが前面に出て、調和がもたらされ、共に生き、共に働くことができるようになる関係です。

カルマがある間は、縁がある場合もない場合も何かが中途半端であり、引っかかりや不安が付きまとい、あまりうまくいかなかったり、気遣いしすぎたりしてしまいます。

カルマが顕れ出ると、問題が生じ、一時は混乱状態に陥ります。その時は、自分たちを超えた大きく純粋な存在である神仏との関わりを信頼して、相手の人を思い、配慮しながら誠実に現実に対処していけば、次第に神のお力が注がれてカルマが浄化され、お導きも加わり、乗り越えて事態も心も収まっていくようになります。

その結果、その相手と完全に別れて自由になれるか、あるいは完全にわだかまりが解けて心からお互いを信じ合い、許し合って共に生きていけるか、どちらかにはっきりと結論が出ます。

中にはもともと縁がある場合でも、現世では別々の場所でそれぞれ生きていったほうが良いと神が判断された場合は、縁がある者同士であっても、それぞれの道を歩んでいくという時もあります。

この場合は、霊界に行ってからか、あるいは来世生まれ変わってきた時にカルマが解けたい形で再会を果たし、また共に生きるということになります。

縁というものも固定した絶対的なものではなく、元には神様が働き、神様から頂いたものですが、人間同士が後天的に努力し、意図して関係性を育成し、維持するという面もあります。その過程で新たに生じたご縁もあるのです。

縁の中で最も緊密な関係は、ツインソウルです。ツインソウルは、親子、夫婦、親友、またライフワークの欠かせないパートナーかのいずれかに出る場合がほとんどです。

いつでもツインソウルが自分の身辺にいるとは限りません。生まれてきて別々の場所で生きていくこともあるし、一人はこの世、もう一人はあの世にとどまるということもあります。

それでも多くの場合、重要な人生では、その相手は自分にとって欠かせないポジションに位置することになります。互いの関わりなしでは使命が遂げられないとか、夫婦の学びが行えないなどの相手です。また、親子そろって大きく立派な事業を達成する場合もあります。それは、親子二代にわたる世の中への貢献です。

ツインソウルはもともと一体の魂でした。それが途中で分かれたものです。

今から一万二千年前頃までは、両性具有体が地球上に存在していましたが、両性具有体が生き残っていたのは、その頃まででした。その後は分離し、それぞれが輪廻転生するようになりました。

したがって、今現在、地球上にツインソウルとまだ分かれていない、あるいは後で再結合した両性具有体の存在は見当たりません。

太古の昔は、この世の物理領域さえもまだ精妙な状態であったので、両性具有体としての体に双方の魂が入っていることがありえたのです。しかし、次第に物理領域が粗雑になり、カルマや恐怖、嫉妬《しっと》、エゴ、穢《けが》れ、分離性などが蔓延《まんえん》するに伴い、人間としての肉体は、男性か女性かのどちらかになってしまいました。

両性具有体が最初に存在したことは、創世記の中のアダムの物語にも示されています。すなわち、「アダムは最初一人だったが、パートナーを神が創るためアダムを一時眠らせ、アダムのあばら骨の一本を抜き取って肉を盛り、それをエバと名づけた」と記されているくだりです。

これは、もともと両性具有体であったアダムが神によって分離され、エバが創られたということです。それゆえ、アダムのツインソウルはエバになります。

アダムとエバは、最後は夫婦ではなく、母と長男の関係である聖母マリアとイエスとなって出てきました。これは人類の原型を表します。誰でも、どこかに片割れがいるのです。

ツインソウルの次に縁が深いのが、ソウルメイトです。生まれ変わりの中で、くりかえし夫婦になってきたパートナーの魂のことです。たいていはまた夫婦になりやすいようです。

ファミリーソウルは、家族になりやすい魂同士の関係です。お互い似通っていて遺伝の法則が作用しやすいので、身内として生まれ変わる確率が高くなります。

さらに、グループソウルがあります。一つの会や団体、あるいは会社などで、仲間や同僚、先輩・後輩、師弟関係などを取ることで、共通の理想と目的のもとで集まり、互いに仕事や使命で力を合わせ合う関係になりやすい関係です。広くは、地球上の全人類が人類という一つのグループソウルであることを覚えていてください。人類というグループソウル、地球という家庭、これがONEの視点です。

人は、さまざまな学びを得ます。個人のカルマばかりではなく、家系のカルマ、土地のカルマ、民族や国のカルマ、地球や人類のカルマなどの絡みで、どこにどういう人として生まれてくるかがおのずと決まります。時期も勘案されます。芋づる方式に縁が呼び込み、次々に類縁の魂たちが転生していく場合がほとんどです。

通常なら生まれ変わりにくい魂の状態にある者でも、縁の深い者が生まれてくると、その三〇年後に、たとえば息子として生まれ変わることも起きてきます。

縁の深い魂を親として、その子どもに出てこられたわけですが、どこかに無理があるのでしょう。本来なら自力で生まれてこられない状態だったため、体か心に障害が出たり、引きこもりになったり、自殺をしたり、あるいは犯罪に手を染めて世間を動揺させ、問題になったりしやすくなります。しかしそれすらも、カルマを浄化し、貴重な学びを共に頂く機会となっているのです。

魂は互いにつながり合っていて、カルマ的にも果たし合うべきものがあると縁が縁を呼び込み、次々と近くの地域に生まれてくるか、あるいは遠くに生まれても、時期がめぐってきた時に再会し、また関わり合いが始まります。

そして交流する中でだんだんと元のカルマや役目が出てきて、最後にはそれ相応の結末を迎えます。もちろん、それまでに学んだり、お祈りしたり、留意していれば、出方も多少良い方向に向けることができます。そのために学んだり、お祈りをしたりするのです。

カルマや学びは多くの場に見受けられますが、最も重要な場は家庭と仕事です。主にファミリーソウルとグループソウルで、家庭の学びや縁、仕事の学びや縁が前世から引き継がれて来世でも繰り広げられ、さらに発展させられます。

物語はシリーズをなしているのです。生まれ変わりは、一つのストーリーとして見ることができます。喩えて言えば、毎週水曜日の午後七時から八時にかけてのドラマがあり、一年間はそれが放映される。必ず先週の続きから今週の話が始まります。そして、今週の話の終わりから来週の話の始まりにつながります。

そのような因果関係で、一貫したストーリーが一人ひとりの輪廻転生で展開されるのです。その時、個人の輪廻転生、つまり一つのストーリーやドラマだけではなく、必ず互いの人間関係の中でストーリーは繰り広げられ、展開していきます。

したがって、輪廻転生も互いの関わりを抜きにしては考えられません。この関わりがより広がってグローバル化すると、たとえばこれまでは日本人は日本人としてこの四千年から六千年間生まれ変わることが多かったのですが、次第に世界が国際化し、互いの交流が盛んになり、国際結婚も増えてきて、来世以降、さまざまな国や民族として生まれ変わりやすくなるはずです。

このように、世界情勢と個人の生まれ変わりとは密接に関わり合いながら、時期によって変化していきます。それに伴って、これからは日本人の民族意識も薄れていくでしょう。今後は民族意識や国家主義は通用しにくくなり、すべてを全地球的な人類単位で見ていかなければなりません。宗教のセクトも同様です。

日本に来る外国人も増えていく可能性があります。これまでは島国だったため、日本人は温室育ちの一人っ子的な気質でした。しかしこれからは交流が盛んになり、日本人の生まれ変わりもあちこちに飛び火する可能性が高まります。

その場合でも、縁によって生まれ変わる場合が多いことに変わりはなく、いろいろなグループが交差することは起きても、核となるファミリーソウルやグループソウルはある程度保持しながら、発展し、互いに交流を交わすことになります。


これは宗教にも言えることです。エジプトとイスラエルにも、かつて確執が見られました。モーセの出エジプトが象徴していることです。アラブのイスラム教圏はガードが固く、自分たちの中で生まれ変わる傾向が強い地域でした。しかし、次第にそれが通用しにくい世界情勢になっています。それは神のお心が、国際化と共に諸宗教の共存と交流（インターフェイス）を通して次第に融合のONEの方向に向かっているからです。

それに伴い、次第に宗教も和らぎ、民族意識も薄れてきて、互いに交流や関わりが増え、アラブの人たちも、これまでよりは他民族や他の国に生まれ変わりやすくなることでしょう。

アメリカ合衆国ではすでに、ネイティブアメリカンが、同じ土地に住む白人として転生し始めています。同じ土地を舞台にして、関わった民族同士が争いのカルマを果たし、相手方の人種に生まれ変わり始めているのです。

そのようにして和合と和解と癒しがなされ、大きなＯＮＥに向けて人々は導かれています。遠大なドラマの中で、グループソウルを保持しつつ、互いに交流し、輪が広がりつつあるのが現状です。輪廻転生の流れもそれとは別ではありません。日本史や世界史、現状などを見れば明らかです。

他界する時点の家族的な状況を求めて、来世にまた出てくることは当然とも言えます。固定したものではなく、学びも進歩も、前進が求められてはいます。カルマを清算してバランス化させるために、役割を変えながらも縁は続いていきます。役割や位置は変わっても、互いのつながりは保たれるのです。

人間は感情やさまざまな心の思いを抱き、カルマも存在しています。「来世ではもう会いたくない」、あるいは「来世でもぜひ一緒になりたい」。そのような人間の思惑や意向は、どの程度来世で通用し、叶えられるのでしょうか。

人間の願いや意向も、ある程度は考慮していただけますが、最終的には神が判断され、人間の願いや個人の思惑というよりも、必要性や学びや役目の観点から、来世において離れるか一緒に生きるかが定まってくるのです。

もし自分の願いや意向が神のお心とかなり一致していれば、自分の願い通りに叶えられることになります。

しかし、自分が楽をしたいとか、自分の好き嫌いから脱却しようとしていないと、自分の願いや思惑に反した事になり、「来世で一緒になりたいけどならせていただけない」「来世で別々に生きたいけれども、また再会してカルマを果たし合う機会を与えられてしまう」ことになります。

しかし、それは最善であるからそうなることに気づくことです。神は全知全能で、完全な愛のお方です。神が意地悪をされることはありえません。また、不適切にされることもないのです。

真の意味で必要であり良い事だから、別れさせられたり、あるいはいやな人とまた会って関わったりという事が起きてくるのです。

全部を神が見通されて、その時点、たとえば来世の時点で必要であり最もふさわしい事が設定され、自分の奥深い本質の意識もそれを了解して、その事が起きます。そのような道理や法則と神の意図を知っていれば、将来に対して不安や懸念は次第に収まってくることでしょう。

信じてお任せし、安心して、今、目の前の事を周りの人々と一緒に取り組んでいけばいいのです。

縁は神様が与えてくださったもので、愛を表します。人は、つながりの中で自分を見出すのです。自立しすぎても、自分を失って周りに依存しすぎても、アンバランスでうまくいきません。自立しつつも周りとの関わりに気づいて、協調し、社会性を持つことです。

カラーナの意識レベルには、社会性というものがあります。アメリカの個人主義は、訴訟を引き起こす質を孕《はら》んでいました。それが争い、さらにはテロを招くこととなったのです。これは、カルマの極みです。

自分を掘り下げていけば、奥深い意識では必ず互いに関わり合い、影響を及ぼし合っていて、互いのことに責任があることに目覚められます。それが、本当の本質の自分を探し、それと一体化して、自己完成を見る歩みです。その歩みには、社会性や調和ということや、互いに成り立ち、支え合うことがおのずと起きてきます。

第6章

生まれ変わるまでの魂はどこに

早い遅いの差はあっても、誰でも現世での寿命がやってきます。あと数年後の人もいれば、二〇年後に訪れる人もいます。若い人や長命な人なら、あと六〇年かそれ以上生きることでしょう。しかし、あと一〇〇年生きる人は滅多にいません。いずれ死が訪れます。

その時には、現世が直前の前世になります。現世の晩年期になるとすでに「これは一つの人生であり、自分の数ある前世の中の一つのようなものである」という思いがごく自然に湧いてくるようになるものです。現世が相対化し、他の諸人生と並列し、然るべき所に位置づけられます。

また、今の人生がすべてと見なさずに、それぞれの人生を等価値に高い平らな視点で見られるようになると、現世から自由になり、自分の前世も自覚されてきたり、さらに来世どのように推移していくかも推察ができてきます。

今の人生は決して絶対的固定的なものではなく、数ある人生の一つにすぎない。そのように見ることとは、今の人生を軽んじたり、逃避することではありません。かえってそのように客観的に、全体の視野からこの人生を正しく捉えられるようになることで、本当に主体的に今の人生を生ききる、あるいは活かすことが起きるようになるのです。

生まれ変わりが事実であることを知って、この人生が薄められるとしたら、それは生まれ変わりを正しく理解し、応用しているとは言えません。

生まれ変わりを本当に正しく捉え、応用したなら、必ず今の人生がますますありがたく思えて、精一杯生きるようになるものです。すると神仏に喜ばれ、自然の摂理にも調和して、なすべき事を十分になし、今世で果たすべき主たるカルマである引業《いんごう》が尽き果て、副次的な満業も清算され、その結果天寿を全うできます。

死期は神様が定められるものであり、人間の思惑や意図によるものであってはなりません。

天寿を全うすると大往生となります。しかしそれは、必ずしも安楽な自然死とは限りません。最後にカルマが顕れ出て成就する形で、時につらさや痛みが伴うこともあるからです。どのような亡くなり方にせよ、人はその後《ご》霊界へと向かいます。しかし、すぐに正式な霊界に迎え入れられるということではありません。それは、現世から霊界に向かう前に冥界や幽界が必要であるように、霊界から来世に生まれ変わってくる際、いきなり母親の胎内を飛び越えて誕生するのではなく、母胎に九ヶ月いることに対応します。

あの世とこの世とは隔たりが大きすぎるため、中島《なかしま》のような、あるいは中州のような場所が必要になります。現世から正式の霊界に行く上での中州は、幽界や冥界です。一方、霊界から来世に移行する中州は、母親の胎内です。そこで胎児として九ヶ月を過ごすことになります。冥界や幽界にも同じ長さの九ヶ月間いるという意味ではありません。また、個人差も見られます。平均すると、五〇年程で霊界へと迎えられます。一般に見られている四九日間では、とても難しいのです。

まず、肉体からそんなには簡単に離れられません。息を引きとってから数日間は、自分のいた肉体の周りにいる場合が多くあります。まだつながりがあったり、地上のことや自分のことに関しての未練や心配が残っているためです。

個人差はありますが、数日間は肉体との間でつながりがあるため、遺体を早くに焼く事には慎重であってください。しかし本当の信仰があれば、そのような事もそれほど気にすることもなく、支配されることもないでしょう。

中途半端な信仰と理解をもっていると、「遺体を焼く事は死後三日以内では絶対いけない」といった考えに固執します。それもまた行きすぎです。もし、本当の信仰が本人や遺族にあるなら、現状の中でできる範囲において遺体を焼く事を考慮することにとどめるようになるはずです。

なぜなら現状も偶然ではなく、本当に信仰深く、神のお心に沿って生きていたなら、遺体が焼かれるのが遅い必要がある場合は、周りもおのずとそれが可能な事情や状況になるものだからです。

いつでも人間は状況の範囲の中で、できる限りの事を果たし、あとは神を信じて一任すればよいのです。あとは神が許らわれるでしょう。

正式の霊界に行って落ち着けるのは、他界してから五〇年程してだと言いました。ずいぶん遠い先だという感じを受けることでしょう。といって、それまではお墓にずっととどまっているということではありません。むしろ、お墓というよりも、遺族の許《もと》にとどまっています。

多くの場合、縁の深い人の許にいます。配偶者や自分の子どもの許にいることがいちばん多く見受けられます。時には、配偶者や自分の子に憑依しています。しかし、ある程度成仏して自分を認識、反省でき、自分への囚われから脱していれば、遺族に憑いていても悪影響はありません。むしろ守られたり、共にあるという自覚が憑かれた人に生じます。

多くの人たちは気づいていないのですが、たいていの場合、自分の祖父母か両親か、早くに亡くなった自分の子どもなどが憑いています。特に自分の両親は、子どもに憑き、子どもを守ります。

そのようなことが数年から五、六〇年続き、やがて配偶者や子どもが他界する時が来ると、一緒に上がっていこうとします。

ただし、子どももそれからの五〇年程はこの世にとどまり、身を冥界に置きながら、今度はさらに自分の子どもに憑こうとします。つまり、自分の子どもがそれ以降亡くなるまで憑くことで、子どもを守ろうとする、そのぐらい親の思いは強いという証です。

人によっては配偶者に憑き、そのため、再婚しようとしてもできないか、できても新しく入ってきたお嫁さんが事故で亡くなったり、合わなくて離婚して出ていったり、病死する事も起きます。それは、亡くなった前の奥さんが、新しく入ってきた奥さんに嫉妬するからです。冥界と地上の場とは同じではありませんが、冥界は比較的地上界と近いため、このような事が起きます。

それでも余程の地縛霊や未成仏霊以外は、五、六〇年もすれば次第に霊界の方に意識が向き、地上からの関心は薄れます。

そして初めて霊界に入っていき、いわゆる昇天するということが起きます。あるいは、成仏するということです。地上とのつながりがほぼ切れて、霊界入りをするのです。そして今の時代なら、霊界で一五〇年から二〇〇年いて、生まれ変わってきます。それが、来世です。

先祖霊の影響も長くても五代までです。一世代を三〇年とすると、五代くらいの一五〇年程度で人は生まれてくるからです。

サイクルには個人差はあるものの、今の時代の日本人ならば一五〇~二五〇年平均で来世に出てきます。したがって日本の人の場合、直前の前世は江戸時代の初期から中期にかけて生きていたという計算になります。

しかしこれはあくまで平均的に見てのことであり、また直前の前世が日本とは限らないため、一つの参考として捉えてください。サイクルの速い人なら、幕末頃に直前の前世があります。また、自分個人の事情やカルマによってではなく、もっと大きな国や民族などの事情で他界した場合、早ければ五年程で生まれ変わることも起きてきます。それが非業の死の場合、再生してしばらくは前世の印象にとどまり、覚えていることもあります。

最も早い場合は、九ヶ月程で生まれてきます。なぜ九ヶ月なのでしょうか。それは、妊娠期間が九ヶ月だからです。つまり、息を引きとって次に生まれ変わる場合、どんなに早くても九ヶ月はかけて転生するしかないのです。

ごくまれに、前の人生と新しい人生が重なり合って、同時に二人の人間として地上に生きることもありますが、それは例外中の例外です。通常は、どんなに短いサイクルでも九ヶ月後の転生です。母胎にいる期間が考慮されるからです。

過去と現在の間隔がそうであるように、現世と来世との間隔も、どんなに早くても九ヶ月です。

もし本当に九ヶ月で来世に生まれ変わった場合、現世で息を引きとった直後に、誰かの母胎に胎児として宿ったことになります。そのような人は、霊界には全くいなかったことになります。現世の後そのまま次の母胎に移行したからです。

しかし通常は五〇年程冥界にいて地上との関わりを持ち、自分の縁の深い配偶者や子どもを見届け、正式の霊界に移って一五〇年から二〇〇年を過ごし、そこで十分に自分を見つめ直して休養を取り、来世に向けて備えさせられます。

来世の準備をするということ、十分休養を取るということは、それを一日一日の対応で見るなら、夜眠っている時間帯に似ています。眠るのは、夢を見ておさらいをするため、そして何より休養を取って翌日に備えるためです。

霊界に行くのも、来世に向けて自分をリフレッシュさせ、整え直し、過去のものを払拭し、洗い浄めるためです。


生まれ変わり方やその人の事情によっては、二五〇年どころではなく、五〇〇年、時には千年以上生まれ変わらず、来世が現世の千年後という人もいます。

大きな進化を遂げた魂、あるいは逆に現実逃避のために自殺した人や深い思いに囚われてしまった魂、悪い思いを抱いている魂は、今世が終わっても来世にすぐ生まれ変われず、低次の霊界に長くとどまり、生まれ変わりが滞ります。

第7章

臨終とは一日の終わり

古来、臨終時のあり方が霊界での状態あるいは来世の様子に影響を及ぼすとされ重視されています。臨終時の内容や状態や形が、これから先の霊界や来世に影響を及ぼすすべてではないにせよ、一つの重大なものを将来に及ぼすことは事実です。それはその人生のすべてが臨終に集約されるからです。

また、人間の意識の働きとして、最後の印象が大きく、それが後に響くという特徴があります。たとえば、一つの小説を読んだり、一冊の書物を読んだり、あるいは一つのドラマや映画を見た場合でも、最後の結論や結末が全体の印象として深くとどまり、その影響がのちに及びます。

人間関係においても、ある人との付き合いや関わりが、たとえば一〇年あった場合、出会いや途中経過以上に、その関わりの最終結末が、全体のその人の印象としてのちに影響を及ぼすことになるのに似ています。

物語では、途中はらはらしてもハッピーエンドなら、その前のことは悲しみも苦しみも良いものとさえ捉えられ、吹き飛んでしまいます。一方、ある人との関わりが良くても、最後の結末がよくないものだと、全体として、その人との関わりはあまりいい思い出にはなりません。

人生を送る場合でも、同じことが言えます。若い時に苦労したり、失敗したり、壮年期につらい事があったりしても、晩年期に家族に恵まれ、仕事もほぼ達成して、「いろいろあったけれ

ども この人生は良かった」という感触があれば、その最後の思いを霊界に携えていくことになるのです。

朝目が覚めた場合、七時間の睡眠中に、途中悪夢を見ても、最後には夢の結論が良く、疲れもほぼ取れて目覚められれば、さわやかな朝を迎えられます。

逆に、前の日一日、途中は楽しい事や喜びがあっても、寝る前、急に知らせが届き、自分の親が危篤である、あるいは自分の事業のことでアクシデントがあった知らせが届く。そういう心配事やつらい事が眠る前にあると、いても立ってもいられず、体は疲れ切っていて眠りを欲していても、気が高ぶり、落ち着かないまま眠りに入ります。

一日を一生に喩えているのです。一日の中の途中で良くても、最後に悪い知らせが届いたり、その日の最後が悲惨ですと、その思いを抱いて眠りに入る、つまり霊界に入ることになってしまう。一日の終わりは、他界して霊界に移行することに相当するので、途中どんなに良くても、最後がまずいと霊界に行ってその思いの余波を受けます。一つの人生の最後は、やはり結論になっているのです。

どうやら人は、最後の印象に大きな影響を受けるようです。あるいは時間的に後の所からほど、人は影響を受けるとも言えます。最後の所で人はその物事や人の判断をし、評価するとも言うことができます。

確かに、一つの人生の集大成として、特に死に際に集約してその人生でのことが現れます。その意味で臨終は一つの結末になり、本当の人生の成否を占うこともできそうです。死に際だけで決めてはいけませんが、一つの象徴的な形で臨終に現れ出ることはあるのです。その人生の総決算として最後に正直に現れ、また、単純に見ても、その思いのままに移行します。

霊界に移って急に偉くなったり、あるいは落ちぶれたりということはありません。最後にどのレベルまで到達したか、あるいはどのレベルまで落ちてしまったか、そこから霊界での生活がそのまま始まるのです。つまり、現世と霊界は連続していて断絶がないということになります。同様に、霊界と来世も一つの流れになっています。

一般には、死後の世界とは霊界と見なされています。しかし一方で、エドガー・ケイシーらは、「人生と人生との間は惑星に滞在している」と言います。しかも一つの惑星だけではなく、「一つの人生を終えて行く惑星と、次の来世に生まれ変わってくる時の直前にいた惑星とは異なる」とも言います。

では、霊界と惑星滞在との関連はどのようになっているのでしょうか。両者に矛盾はなく、いずれも正しいのです。

霊界とは心の領域です。惑星滞在といっても、文字通り肉体を持って、たとえば火星人のように存在しているのではありません。もともと、火星や金星というのは、文字通りの惑星というよりも、火星なり金星の持つ特質や波動のことを表しています。それは当然霊界にある波動や階層とつながりがあります。

また、霊界は地球の霊界ばかりではありません。もっと宇宙的な広がりが霊界にはあります。特に、ある程度囚われから脱して意識の自由を得た実体は、霊界にいる間、地球の霊界を超え、さまざまな波動や異質な霊界にも行き来します。

それが、西洋人のエドガー・ケイシーには「惑星にいた」と読み取れたのです。しかし、広くはやはり人は死後の世界として霊界にいます。

いずれにしても、最後の後味が霊界に携えられて、方向づけを決めます。しかし、それを強調しすぎても行きすぎです。真相から外れていきます。

ある人と一〇年お付き合いがあった場合、最後のその人との結末や別れ方は決定的には違いありませんが、それまでの一〇年近くのお付き合いの内容が記憶として残ります。人は結論だけの影響を受けるのではありません。「最後はまずかったけれども、それまではずっと良い事があったし、いい面もある」と思えます。

それと同じように、一生八五年を生きた場合、晩年期が悲惨で、孤独で、また病気で苦しみながら息を引き取ったとしても、その苦しみや悲しみは後味として霊界、さらに生まれ変わる来世に影響を及ぼしながらも、一生の全体が携えられていくという面も見過ごせません。それゆえ、死に際だけで占うことを強調すると、全体を正当に評価することが欠落してしまいます。また、事実だけで決まるのではなく、その人のそれに対する捉え方、処理のし方によっても異なります。

一方、「安らかに自然死のように息を引き取るのが大往生で、病気や事故で苦しみながら痛みを伴って亡くなるのは成仏せず、理想的な往生ではない」。このように表面的に見る人があまりに多いのが問題です。

病気になり、苦しむことでカルマが成就する。そのようなこともあるのです。必ずしも、苦痛もなく自然死の形で息を引き取ったから、高い魂であるとは言えません。もし本人に受け入れる態勢が出来ていれば、今世のカルマは今世で体験して果たすということを選ぶことでしょう。

霊界や来世に持ち越さず、今世のものは今世一代限りで摘み取ろうという気概心や神様への信頼があれば、むしろ今世の最後に集約して痛みや苦しみを伴い、時には身内や親族からも遠のいて、一人で息を引き取る場合すらあります。それによって今世のものと前世のものとを臨終時に尽くし、死後に解放され、霊界や来世は素晴らしくなることもあります。

そのため、この世的な事情や本人の様子だけで「良かった、悪かった」ということを安易に結論づけてはいけません。

本人の中で、自己満足ということではなく気持ちが吹っ切れて、周りの人たちのことを配慮しつつ、さっぱりした心であの世と神様に意識を向けつつ、息を静かに引き取れれば、それは確かに大往生です。

九〇歳以上生きたから大往生とも言えません。長く生きたかどうかが大往生の目安になるというよりも、本人が神から与えられた寿命と仕事を全うしたかどうかによります。

最後は苦しみ、体もやせ衰えたとしても、それでカルマが完全に成就した形であり、十分苦しみきってそれを体感し、味わい尽くしたことで体から魂と霊が解き放たれます。すると、苦しみや執着や恐れを持ち越すことなく、体だけで苦痛は済ませ、魂と霊は体から離れると立ち所に純粋さを取り戻す方向に向かいます。

亡くなり方の表面的な状態や様子によるというよりも、その時の本人の内面的な捉え方や実感によって、それが霊界や来世に影響を及ぼしていくのです。

もし本当に表面的な亡くなり方で霊界や来世のあり方が決まるとしたならば、イエス・キリストの十字架刑は最も浮かばれない息の引き取り方だということになってしまいます。ゴータマ・ブッダは確かに八〇歳まで生き、大往生の亡くなり方でした。しかし、キリストの臨終をその尺度で見ても、そこからは何も真実らしきものは知らされません。

短命で病死したり、時に事故死する人の中にも、事実上大往生の人たちもいるのです。

もともと人間の奥深い所に関わるものを、今、見ています。常識や表面的な見え方で、霊界や来世がどうなるかを予測することには注意してください。実質の所が捉えられてこそ初めて、その後《あと》どうなっていくかが読み取れるのです。

他者のために自分を投げ打って働き、義務を果たした人の場合、心身の消耗が激しく、安らかな死を迎えられないことがあります。しかしそれは利他的に生きた者であり、神や周りの人にはその善意が届いています。そのため、無理な亡くなり方をしても、それで瞬時に離れられ、あの世に行ってから生前の苦労によって得られた内実が輝きを放ちます。

苦しまず安楽に亡くなれるのに越したことはありませんが、現代特有の表面的な大往生や安楽死などに向かいすぎるあまり、本当に大切なものを見失ってしまっては何にもなりません。

一般的には、息を引き取る時の状態が、霊界や来世に生まれ変わる時点に再現されるということはあります。その意味では、亡くなり方で将来の状態と行く末もある程度占うことができます。

それは、一日の終わりに眠りに落ちていく状態が、夜の眠りの状態ばかりではなく、翌朝の目覚めにもつながることに似ています。非常に心配で悲しみにも包まれて眠りに入ると、良質の睡眠を摂れないばかりではなく、朝の目覚めも悪くなるでしょう。朝、目が覚めた時、前の晩の眠る時の心配や悲しい知らせが再び思い出されて、目が覚めても悲しく、落ち込むように。

ここでの前の日とは現世、夜の眠りは他界してからの霊界の様子、翌朝目覚めた時の心境は、来世に誕生してすぐの状態や実感に対応します。睡眠中に解けなければ、眠る時の状態が翌朝起きたとき再びよみがえるように、臨終時の状態や思いが来世に現れるのです。

このように多くの場合、現世での亡くなり方が好ましくないと、余程吹っ切れない限り、あるいは霊界に行ってから解けない限り、霊界でも苦しみ、霊界で解消しきれないまま生まれてくれば、来世の幼少期から若年期にかけては境遇が恵まれなかったり、本人の体や心の状態が好ましくない形で生きるか、あるいは健康で生まれても苦労するか、ついてないかということをもたらします。

しかし全般的に見ると、一生の全体の影響を受けて現世以降の霊界や来世があるので、死に際だけで決まるということで見ることは行きすぎです。

むしろ、一生のどの瞬間も大切に生き、その自然な結果として臨終が理想的ならば、それは本当にうまくいったことになります。

一方、その時その時を一生懸命に生き、それでもカルマや役目上どうしても最後を楽な形で結べず、最後は苦しみながら倒れても、それがいつでも燃焼して、周りを思って取り組んだ結末だったなら、それに対して必ず神様や指導霊が良くしてくださり、霊界に行って解いてくださることでしょう。

それによって、来世生まれてくる時はそれらから自由になり、また新しいスタートを切って来世を明るく元気に生きることが可能になります。

第8章

霊界にいる時間と来世との関係

現世の生き方や最後の亡くなり方が、霊界、さらには来世にも影響を及ぼすことはおわかりいただけたと思います。

古来から日本では、亡くなり方の臨終時が重要であり、それで霊界や来世の様子や運命を占えると見て重視しました。特に浄土教の系統はそうでした。

一方、親鸞は「人の行く末は亡くなり方によるものではなく、生きている時の信仰と決意が重要であり、それがあればどんな亡くなり方になろうとも来世は保障されたようなものだ」とすら表明し、信仰や神仏との関わりを人の生存の中で決定的なものとして位置づけました。

そのいずれも正しいということを、ここまで説明してきました。

現世と死後の世界である霊界、さらに生まれ変わっていく来世、この三つは連続していて、因果関係でつながり、切れ目はありません。

しかし、表面的には切れ目や矛盾があるように見える場合もあります。苦しんで他界しても、十分味わい尽くした結果、パッと魂が離れて一転することもあれば、逆に、平静で他界しても、霊界に行ってだんだん次第に奥底に残存する悪い性質や執着が表立って動くことがあります。

もちろん、見かけ通りの場合も多くあります。けれどそうではないことにも気づいていないと、見誤ります。見誤ると、自分の生き方や対応の仕方に支障をきたすことになります。

霊界に行ってから解ける場合と、霊界に行っても解けずに、そのまま続いて生まれ変わってきてしまう場合とがあります。

どんな重い罪や深いカルマでも、一万年以上続くものはほとんどありません。したがって、カルマを解消する努力は必要ですが、あまりにも信仰がなく、ものの道理がわからないままでいると、カルマを恐れたり意識しすぎてしまい、人為的、作為的なカルマを解く方法に終始する方向に向かってしまいます。

基本的には、神様がカルマを解いてくださるのですし、一万年以上も続くカルマなどはほとんどないことがわかれば、むしろ現実の動きを信頼し、神仏に一切合切を委ねて、神様が解く方向で導かれるのが輪廻転生の流れであることがわかり、慌てず、心配しすぎず、目の前の事を神からの最善のものと信じ、受け入れて誠実に対応する生き方になるのです。

その中で、おのずとカルマが徐々に解けていき、心も体も楽になっていきます。人間がカルマを解こうとして躍起になるよりも、放っておいても数千年も経てばどんなカルマも神の働きかけで解け、地獄に行っている魂も数千年もすれば自然に浮上してきます。

死後の世界とは、永久の地獄送りではありません。どんなに悪い事をした魂も、傷ついている魂でも、霊界は一つの癒しの場であり、休養所でもあるため、現世で罪を犯したり深く傷ついても、霊界でしばらく苦しみ、時には未成仏霊になりながらも、それでカルマを体感して解けつつあるプロセスをたどっていて、すべてが意味のある体験なのです。

ですから、「さぁ、大変だ。何とかしなければ」と躍起になる必要はありません。神がすべての元でそれぞれを熟知し、その無限の愛でいちばんいいようにそれぞれの魂を計らい、導かれようとしていることが、霊界でも顕界でも作用していることを知らなければなりません。「人間がどうにかしないとこのカルマは解けないし、この御霊は苦境から脱せられない。何とかしなければ」というように見たら、本当の神の愛の大きさや深さも、神と人との関係も、現実に起きてくる動きの意味や目的もわかりようがありません。

神は、必ずすべての魂のカルマを解き、引き上げようと日夜なさっておられます。神の愛は地獄の底まで届いているのです。ただ、時間はかかり、人間の都合や計画でなく、神の遠大な計画と摂理のもとでそれが起きているということです。

「人間がどうにかしないと救われない」とか「苦しみから脱せられない」と見るのではなく、神の偉大さと遠大なご計画を知って、まずは安心し、お委ねすることです。

その上で、人間が努力することで、少しでも早く楽になり引き上げられれば、それはそれで良いことです。それに関しては、できるだけの事を果たしましょう。

千年以上も霊界にとどまっている御霊は、霊界が余程合っていて居心地が良いか――それは、つまり高い霊界にいる者たちのことです。そうではなく千年以上も霊界にいる御霊は、逆に地獄や低い霊界にいて苦しんで、自分に囚われ、憎しみや悲しみや恐れに自分が入り込んでいて抜け出せないでいるかです。

あるいは神が、地獄にとどまらせることで体感させ、その中で学びを与え、本人の魂を浄めるプロセスをたどらせていることもあります。

地獄は感覚としては苦しい所であっても、苦しんでいるということには意義があり、それがカルマを果たしつつある姿であり、形なのです。無意味でも徒労に終わるものでもありません。なかなか気づかず、抵抗しながらでも少しずつ解けていき、それだけ数百年から千年以上とどまって次第に浄化され、本人も悟り、地獄から時間をかけて上昇してきます。

現代は、千年以上も生まれ変われなかった低い霊界にいた御霊が生まれやすい状況になっています。そのため、日本でも世界でも、千年以上も生まれ変われなかった低い霊界に縛られていた御霊が、現代の状況ならと生まれ変わってきていて、それらの者たちがテロや悪辣な犯罪を行う場合が多くあります。

その人たちは身体的には障害はなく、しかし人間的に大いに問題があるのが特徴です。周りの人間は、「普通の人のはずなのに、どうしてこんな事をしたのだろう」と恐れ、いぶかしがります。

そのような者の場合、すべてではないにしても、その何割かは千年以上生まれ変われなかった悪の面をもつ御霊が、現代の状況だから人間となって生まれ変われて、犯罪などを起こしたのです。

しかし、この世の状況がもっと整ってくれば生まれ変われなくなり、その分地獄で苦しむことになりますが、神様が地獄に置くことでその者の罪と穢《けが》れを払拭し、カルマを解いてくださるのです。当人は苦しみますが、十分浄化され、気づかせられてから、態勢を作ってまた来世に出てくることができます。

生まれ変わりを神様に委ねるばかりではなく、人間の側もこの世を整えていくことをしなければなりません。それによって、結果として人口増加も控えられ、生まれてこられる魂も整理されていきます。その分、あの世でカルマの清算がなされる割合が増えてくることにはなりますが、この世は住みやすく、安全になります。

今のあの世とこの世との状態は、あの世で十分清算させるべきところを、この世に容易に生まれ変わってカルマや悪を出させる形になりすぎているのです。そのためこの世が悪化しています。人口増加も地球の温暖化も、その事と無関連ではありません。

神の摂理は、「霊界である程度浄化してから、来世に生まれ変わらせよう。そしてこの世を良い所にしよう」という意向です。

今は、二五〇年平均で人は来世に出てきます。睡眠時間で言えば、七時間に相当するでしょう。早すぎても、また遅すぎても、支障を来たすことがあるのです。

しかし、時には長く睡眠を取るように、霊界に長くとどまることが必要な場合もあります。霊界は休養と癒しの領域だからです。たとえ苦しんでいても、休養と癒しになっています。

また、元気な人も三時間睡眠では翌日疲れてしまうように、五〇年という短い期間で転生してくると、途中で息が上がり、体力が低下したり、来世で短命に終わることもあります。マラソンレースでも、ちゃんと予め計算して、体力を分散して使っていかないと、定められた行程を走り切れないのと似ています。

霊界は夜の眠りに相当します。その眠り方や夢の見方や疲れの取れ方によって、翌日の一日の健康状態や気分の状態が規定されます。同様に、霊界でのあり方や過ごし方や思い方が来世を規定し、良くも悪くもその内容や状態を決め、あり方を定めるのです。霊界での思い方が、来世の内容と方向を定めていくのです。

霊界にいるとき、来世における人生目的、職業、生まれていく家庭と両親、生まれる時期、結婚相手、住む場所などを神や指導霊の下《もと》でセットします。現世の続きが霊界であり、霊界を経由して来世が始まるのです。

第9章

生まれ変わるまでのプロセス、その準備と期間

人は、この世とあの世とを交互に行き来して生まれ変わる存在です。しかし、その事は始めからあったのではありません。神によってあらゆる魂が同時期に発出されてから、しばらくの間は神の創造された霊的世界にありました。その期間が長く続いたのです。

そののち、自分を意識し始めた魂は、好奇心から少しずつ地球上の物理領域へ惹かれ、現れるようになりました。そして次第に物に縛られ、抜け出られなくなったのです。神と、その許《もと》にとどまっていた純粋な存在たちは、その事を憂い、何とか救助しなければならないと思うようになりました。

最終的には、神の許にとどまっていた者たちも、地上界に降り立ち、すでに計画的に用意されてきた人体に受肉しました。そうすることで初めて、彼らと関わりながら教え導き、物への囚われから脱却できる方向へと誘《いざな》えることがわかったからです。この経緯について聖書では、アダムとエバがエデンの楽園（霊的世界）から追放された話として記述されています。

この時点で神は輪廻転生とカルマの法則を設けられ、それ以降、誰もがあの世とこの世とを交互に行き来しながら、純化、育成されつつ、元の命の本源へと向かうように手立てを講じたのです。それからは、それぞれが生まれ変わりを重ね、今日に至っています。

生まれ変わりの始まりは、かなり個人差があり、早い者は数百万年前から、遅い者は二万年程前からです。
始まりと同様に、生まれ変わりを終了する時期もまちまちです。早い者はすでに終えているし、遅い者は、今はまだはっきりとは言えませんが、これから数万年、数十万年と生まれ変わり続けることでしょう。

現在の物理領域としての宇宙は誕生してから一三七億年、地球は四六億年経つといわれています。その中にあって、人類は、五百万年程度しかまだ経っていません。

神とその許にとどまっていた高位の存在たちの働きかけが、地上で緩慢《かんまん》な進化をたどっていた類人猿や猿人の進化のピッチを急に速めさせ、木から下りて二足歩行し、体毛が減り、脳が急激に発達しました。こうして神の子のイメージにかたどられ、霊的存在の魂がそこに宿れるようにしてくださいました。地球上に霊魂の宿る人が出現し、それ以降数百万年の間、人は霊界と顕界とを生まれ変わるようになったのです。

顕界よりも霊界の方が先に創造されました。霊界といっても、その階層には差があります。この世とあの世とを行き来している輪廻転生において、人生と人生の間は、霊界にとどまることが主《おも》になります。

霊界は、下層と中層と上層の大きく分けて三層に見ることができます。下層は、地獄と呼ばれる領域です。中層は、普通の人たちが死んでから行く霊界です。そこはこの世の状況や生活とそれほど変わりありません。上層は、天国や天界、極楽浄土、菩薩界、さらには神界などと呼ばれている純粋な領域です。アストラル上界からカラーナ、プルシャにかけての層です。神様の御許である命のふるさとＯＮＥは、霊界の中でも最も上層部を指しています。

大半の人たちは中層の霊界から生まれ、今世が終わっても中層の霊界に戻る場合がほとんどです。同じ実体ですから、今世が終わった時点のレベルや状態のまま、それに見合う霊界へと移っていきます。

そして、特に霊界で変化や向上がない限りは、霊界にいた時のレベルや状態で、それに見合う状況や環境に、一人の人間として転生受肉してくるのです。

エドガー・ケイシーが聖書にある句を借用して「木は倒れた所に横たわる」と表現したように、あの世からこの世、この世からあの世への移行は、そのまま同レベルへとシフトします。移行自体がレベルを変えることはなく、人はそのままの状態や内容でもう一つの領域へ移るだけです。死んで急に良くなったり、偉くなったり、あるいは悪くなったりはしません。

ただ、霊界は何でも顕在化し、心のカルマも表出する領域なので、生きている間にはごまかせたり抑えていても、死んでから本性がその通り現れるということはあります。しかしそれは、死んでから落ちぶれたり悪くなったのではなく、もともとのものがその通りに、良くも悪くもあの世で現れ出たということなのです。

この世ではあまり報われず、評価もされず生きていた人が、霊界に行って見違えるようになる場合もあります。それも、急に偉くなったり良くなったりしたというよりも、もともとこの世に生きていた時から良かったのですが、それが周りからはわからなかったり、控えられていて、霊界に行ってそのままに現れ出てきたということです。

多くの人たちの場合は、この世での状態があの世に行ってもそのまま現れ出て、それに見合う質やレベルの霊界へと向かいます。そこがその実体にお似合いの場であり、作ったり無理をしたり、自らを低めたりせずに、そのままいられるからです。

「類は友を呼ぶ」とも言います。似た者同士が良くも悪くも共にある、それによって他と棲み分け合い、おのずと区分されているのがあの世です。

この世では、どんな人も入り混じった状態です。とは言えこの世でも、ある程度は類は友を呼ぶ法則にしたがって、ほぼ似たような質や課題や良さなど、またほぼ同レベルである人たちと気が合うようです。そして家族になったり、友人になったり、仕事で関わったりしています。

あの世はそれがもっとはっきりと出て、ごまかせないという特徴があります。なぜなら、この世では物質や肉体が前面に出るため、心や魂や霊は背後に退いて控えているからです。それは、あの世に行くと逆転します。あの世に物はありません。物があるように見えても、それは心の実質を素材として作り上げられた幻想的な世界です。心がそのまま投影し、ごまかすことができません。顕在意識はなくなり、代わって潜在意識が顕在意識となり、超意識が潜在意識となります。

この世でも、心の反映が体験する事や出来事になって現れる法則は作用しています。しかし、あの世に行くとそれがストレートに現れることになるのです。その意味で、仏教での唯識《ゆいしき》で説いていることは、あの世で完璧に作用しています。

レベルはカルマの善悪の比率に現れます。想念、言葉、行いの善悪の割合のことです。この世で六のレベルで終われば、六のレベルの霊界に入ります。そしてその後《あと》、もし霊界である程度浄化されたり、学べたり、向上して八になれば、八のレベルで転生受肉してきます。

しかし、もしあの世に行ってあまり代わり映えがなければ、つまり六のまま霊界にいて、あまりカルマが解けず、反省もせず、学びや気づきも得られないままであれば、六の状態で再生してきます。六の潜在的な資質の人間として、それに見合う環境に生まれてくるということです。

数千年前は、五〇〇年から千年に一度、生まれ変わりました。最近は少しピッチが速まり、二〇〇年から二五〇年に一度生まれ変わるようになりました。喩えて言えば、古代人は赤ちゃんのようであったため、一二時間睡眠を取っていたけれど、大人になった今は睡眠時間が六時間で済むようになったと見てください。

早い人で、五年から一〇年で生まれ変わります。しかしそれは例外的で、特殊なケースです。前世で、自分個人のカルマや意図以外で突然死を遂げた場合などに起こります。早く転生し、前の人生を引き継ぐようになるからです。しかも、直前の人生の終わりが苦しい事故死だと、すぐ生まれ変わってきた影響で前世を覚えていて、その当時の影響が残ります。

通常は、早くても八〇年から一〇〇年程度で生まれ変わることが多いでしょう。普通程度のレベル、アストラル中層の人たちが最も頻繁にあの世とこの世とを行き来します。その時は、霊界の中層に行っています。

現時点の一般的な生まれ変わり事情は、幽界も含めて霊界に二〇〇年程度身を置き、その間に休養を取り、リフレッシュします。それと共に、生前の事を振り返って検討し、学び直したり、自分に言い聞かせたり、指導霊の許で教えられたり、神仏にわびたり、あの世でお祈りをして過ごします。また、魂によってはあの世で役目を頂いて果たしたり、縁のある魂たちと家族生活を営んだりしているのです。

その期間は、夜眠っている時間帯に似ているので、いちばんの目的は、休養を取ることです。魂のお休みタイムです。それによって、また元気を回復し、赤ん坊となって生まれてくることができます。あの世は地獄も含めて、休養と浄化と振り返りと立て直しの場なのです。

すぐ前の人生で、物事をどう捉え、対応したか。周りの人々にどのように接したか。どの程度学んだか。そして、他界してから霊界でどんな変化があったか。前世と霊界において、どれだけ成長し、進歩したか。それに応じた状況や環境に生まれ変わっていきます。

そして、両親となるのにふさわしい実体が選ばれます。赤ん坊となる魂が両親を選ぶと同時に、両親の側でも入ってくる魂を選びます。もちろん、いちばんの元では神が調整され、計らわれています。その元で、子どもは親を、親は子を、それぞれが選ぶのです。

子どもが生まれ、物心がついて反抗期に入り、「こんな親を選んだつもりはない」と言う。一方、親は「こんな子を産んだつもりも、こんな子に育てたつもりもない」と言う。これは、いずれも間違いです。一方的ではなく、子は確かに親を予め選び、親も子を選んだのです。

その意味で、子どもにも親にも責任があります。もちろん、本気で言っている場合は少なく、つらい思いをわかって、分かち合ってほしくて、親も子もそのような不満を相手にぶつけるのでしょう。それによって気持ちを確かめ、愛を求め、カルマを解き合う機会にもなっています。

しかし、まれに、確かに選び違いという場合が起きることもあります。その時は、何らかの理由で流産してしまったり、水子にされたりします。あるいは、生まれてきて数日から数ヶ月のうちに他界してしまったりして、霊界に戻されます。ただその場合でも、親となった魂には何らかの縁があり、親に何かを学ばせ、短期間でも親子になることによってカルマを果たし合い、エネルギーの交換がなされ、一つの短い人生の目的が成就するのです。

前の人生で「自分に合う良い状況だった」と感じた場合、次に生まれてくる時も、前と似たような状況や縁のある魂の許に生まれてくるのは自然の流れです。しかし、前の人生でほぼ目的が遂げられた場合は、次の人生では一転して別の境遇、別の魂の許に生まれてくることも起きます。二つの人生の間で、連続する場合と、一変してしまう場合とがそれぞれあるのです。

本人の意向や願いもある程度は影響を及ぼすことができますが、本人の願いや意図だけで生まれ変わりをコントロールできるということはありません。いちばんの元では神様と縁のある指導霊や守護霊が管理しておられ、その中で許され、良いと認められた場合に限って、当人の自由意志や願いが取り上げていただけるのです。

生まれ変わりのサイクルは、個人の歩みのペースばかりで決まるのではありません。縁のある魂たちやグループソウル、さらには世界情勢との関連でおのずと規定され、定まってきます。将来のタイムテーブルに沿って、一個の魂もしかるべき所、しかるべき時期に転生します。

自分に非常に縁の深い魂が地上に生まれ変わると、それにつられて、相前後して自分を含めた類縁の魂たちも生まれ変わっていく傾向が強くあります。グループの中でも、頭《かしら》となる魂が生まれ変わると、引っ張られるようにその周りの魂も生まれ変わっていきます。非常に縁の深い魂が、生まれる前後の数年から数十年間に、それを察知して生まれていくのです。当然、生まれる場所や環境も考慮されます。

それによって、たとえば生まれてから二五年後に、しかるべき所でめぐり会い、しばらく交際して結婚し、夫婦になれるのです。すると、その間に縁やカルマや役目のある魂が子どもとして出てくるのです。

結婚相手がすべて予め決まっているということではありませんが、非常に縁の深い人とは、両親や兄弟姉妹のほかに、将来ライフワークを共にする人や結婚する人となって、申し合わせたようにちょうど良い時期に、年齢もつり合う形で時期を待ち、それぞれが縁のある魂の家庭に、その家系の一員となって生まれ変わっていきます。

時代性も加味されます。時代性とは、地球の事情や状況のことです。たとえば、昭和二五年に生まれる。昭和三五年に生まれる。昭和五〇年に生まれる。平成五年に生まれる。それによってそれぞれ、幼少期や自分を形成する思春期、さらに働き盛りの時期に世相がどんなものになり、必要な学びや機会が得られるかどうかも予期されて、神のご計画のもと、時期を待って転生していきます。

昭和三〇年に生まれて育つのと、昭和五〇年に生まれて育っていくのと、平成一〇年に生まれて育っていくのとでは、同じ年齢、五歳の時、一七歳の時、二五歳の時、それぞれ手にする本や教えられる情報、また、世間の仕事の状況などがそれぞれ異なります。前世のカルマや、今度の人生の必要な学びや、自分の準備を整えられる上で、ぴったりの時期に生まれていくのです。

神様は過去も未来も全部お見通しなので、神様なら「この魂は前世に勘案して、今度の人生ではいつどこに生まれると予定通りの成長を遂げ、使命に備えられ、使命を滞りなく果たせるか」を読み取って、いちばん良い所のぴったりの時期に生まれ変わらせてくださります。

誰でもある程度感じていることですが、自分の学習や使命への備えとして、必要な時期や年齢に欠かせない書物が、それこそ的確な時期に世の中で発刊されて手にすることに驚いたことがあるのではないでしょうか。

使命を考える場合、自分個人の観点からだけ見てはわからないことがたくさんあります。自分がその情報を必要としている、それはあくまで、自分個人の観点から見た場合に限ります。

同様に、多くの人たちがそれぞれの必要性や自由意志を持って生きていて、世の中は複雑で流動的な状況です。また、本を出したり、情報を思いついて世の中に発信したりする人も、その人の側からも必要なことを思いついてしているのであり、相互の関わりでいちばんいいように神が計らわれて、世の中を形成したり、カルマを果たさせたり、試みに遭わせたりして、ちょうどいい具合に調整され、導き育てておいでなのです。

世の中は、自分中心に動いているのではありません。神様がすべてを、つじつまが合うように公平に計らわれておいでなのです。ただ、その間で自由意志や本人の願いや意向が発揮されることはもちろんあります。

人は、両親の精子と卵子とが合体し、受精卵が出来て、受胎した瞬間に始まります。「霊界の魂がどの時期にやってくるか」。それは、受胎の瞬間なのか、生後三ヶ月か、生後六ヶ月頃か、いろいろなことが言われています。

基本的に、受胎の瞬間に魂が宿ります。父親の精子と母親の卵子とがいちばん良い時期に、どの精子が母親の卵子に到達すると、遺伝子的な組み合わせとしても、健康状態としても宿ろうとする魂に矛盾なく合致するのか。それを大本で神様がコントロールされつつ、指導霊の許で魂自身が外部から両親となる縁のあるカップルに働きかけ、自分が近い将来宿るであろう肉体が自分のカルマや生まれていく人生の目的や体質や能力に見合う組み合わせになるよう、外部からコントロールするのです。

それによって、自分が宿る肉体に矛盾のない体が、母親の胎内で作られます。

そのように、魂はすでに両親となるだろうカップルの許にやってきて、指導霊と神のご支援やお導きのもと、生まれていく魂が両親の精子と卵子の交合をコントロールし、最も適った形で合体するとそれを確認し、そこに宿るのです。一般にイメージされているように、魂が飛んできて新しい肉体に入り込むということではありません。転生と受肉の関係は、実際はもっと創造的主体的なものです。

妊娠九ヶ月間は、比較的自由に母親のおなかの周りを飛び回っています。完全に受肉してはおらず、母胎内の小さな胎児の体からは自由に周りを漂っています。場合によっては、出産して以降も数ヶ月は、まだ新生児である自分の体の周りを漂っていて、完全には自分の肉体にはまり込んでいません。

なぜ人は、二歳頃までの記憶はないのでしょうか。思い出す能力に長《た》けている人でも、早くて三歳以降からです。それ以前の自分のことは思い出せません。

その理由は、いくつかあります。一つめは、肉体の脳がまだ形成途上であるため、0歳から二歳までの記憶は思い出せないということがあります。

二つめの理由は、二歳頃までは、まだ完全には肉体にはまり込んでいない状態での体験や学習だったため、肉体の脳の記憶には刷り込まれず、大人になってから、二歳より以前はさかのぼって思い出せないという事情があります。

ちょうど、夜夢を見たことはしばらく経つと忘れて記憶からは消え去ってしまうように、肉体から離れた状態での体験は肉体の脳には刷り込まれず、後で思い出すことが困難になるのです。

夢の記憶を思い出すのが困難なように、肉体から離れた状態での体験は、0歳から二歳までばかりでなく、大人になってからもあります。たとえば記憶喪失は、ある種の幽体離脱であり、肉体から幽体や霊体が乖離《かいり》してしまっている状態の人にしばしば見受けられます。

お酒を飲みすぎて、帰り道どのようにして家に帰ったか覚えていない。それも、アルコールの作用で一時幽体離脱に近い事が起きていたからなのです。「脳の機能が、その時アルコールで麻痺していた」という説明が一般的です。そのようにも言えますが、むしろスピリチュアルの観点では「幽体離脱していたからその間の体験は肉体の脳には残らず、あとで思い出しにくい」という説明をすることができます。

人は九ヶ月の妊娠期間の間に、人間になるまでのすべてのプロセスをたどります。ヘッケルが「個体発生は系統発生をくりかえす」と述べたことに関連しています。また、そのプロセスで、数億年の生物の進化の行程を心の面でもたどり直しているのです。さらに、自分の前世も急速にたどり直した上で、生まれ変わり、今世がスタートしていくのです。

第10章

来世をよりよくするための生き方と行動

前世と現世とが因果関係で深く結びついているのと同様に、現世と来世も、因果関係で深く結びついています。どの時期とどの時期とを取ってみても、カルマの因果関係で結びついています。

人は、自分が思ったり話したり行ったりしたことで自分の未来を規定し、方向づけています。今、何を考え、どのように行動するかが、自分の未来のあり方や状態を決めつつあります。

単純に今している事が未来を創っているという一つの因果関係ばかりではなく、二つ前の前世の時に行ったものが次の来世に出てくる時もあれば、今行っている事が次の来世に出るのではなく、三つ先の来世に出てくることもあります。

現世ばかりではなく、これまでの数十回にわたる前世において、無数の事を行ったり意図しているのですから、今している事だけが来世を決めるのではありません。

もちろん、前世や現世でしてきた事がすでに果たされ、成就されて済んでしまっている事もあります。しかし、まだ済んでいないものには、カルマが残存し、現れ出る時期と状況を窺っています。現世で今行いつつある事ばかりが来世を創るのではなく、前世で行った事もかなり来世に影響し、来世を創る基《もと》になって、今、待機中です。また、行った事同士が絡み合い、相互の関連性でも起きてきます。

カルマが顕在化して果たされるために、最も望ましい時期と形態と方法が設定されます。カルマの因果応報は、単なる機械的な法則ではありません。もっと内面的な、心のこもった愛の法則です。

基本的に、カルマによって神が人間に意図されていることは、「相手を思いやり、察し、考慮して行うように」ということなのです。それゆえ、カルマの法則とは、思いやりの原理です。作ったカルマを果たさせるために結果が出るというほど単純で、外的、物理的、形式的で、融通がきかないものではありません。試練や苦難でさえも意味があり、神による愛の厳しい訓練や試みになっているのです。「内面的に学ばせ、気づかせ、成長を促し、思い方や行い方を正させよう」という意図があります。その観点で、最も効果的な事がタイムリーに起きます。学ばせ、正させ、責任を取らせる導きと育成のために。

人間は常に「今ここ」でする事だけが機会として与えられているので、すでに行ってしまった事を今になって変えたり、操作することはできません。

現実的に見れば、今ここでどのようにしたり、どの選択肢を選ぶかということ、またどう思ったりどう捉えるかだけが自由であり、可能性を秘めている方法になります。いまこの瞬間は、宇宙における一点です。宇宙は広大無辺で、時間も永遠です。そのような無限の中で、人に与えられているのは「今ここ」という一点のみです。

すでに行って済んでしまっている事がたとえ無表業で潜伏化したカルマが存在していても、それを恐れたり心配することより、今ここでするべき事と自分にできる事とを精一杯果たすということにいつでも傾注することが、実際的な生き方です。そして、それによって出てくる結果は神に委ねるのです。その時、人は着実に進歩し、関わる人たちをサポートすることにもなります。

今行う事は、新しいカルマを作る事であると同時に、古いカルマを果たす機会にもなっています。さらには、カルマの因果を超えた、言わば無因無果と言ってもよいような超作《ちょうさく》の行い方が神との関わりで行えるようになれば、古いカルマだけを返済し、新しいカルマは、悪業はもちろん善業も作らずに済むのです。それによって新たな種を残すことがなくなります。

そのようにして次第にカルマから自由になっていきます。カルマから自由になることは自分から自由になるということなので、将来を規定し自らを拘束することなく、次第に心と体の自由である解脱へと向かいます。

善業を積んだにしても、それは将来の良い境遇や健康、良い性格などの基《もと》になるだけです。自己規定をすることに変わりはありません。善業を積むことは良いことですが、結果を当てにして行う人間的な行いは限られたものです。

人間というあり方から脱却して命の本源に還り、神の子として輝けるようになるためには、善業対悪業という相対的な対立を超えた本当の善業をこそ行うことです。それは白業《びゃくごう》とも言えます。混じり気がなく、まっさらな行いです。

すべての悪の元は、自己、セルフです。エゴとも言えるでしょう。自分中心で、他を考慮しない思い方や行い方です。それがカルマを生み出し、自分の進歩や、本源に至ることを阻んでいます。カルマとは自我に深く関わるもので、自己保存のために生命エネルギーが使われた時に生じます。

その対極に位置しているものが、利他的で純粋な愛です。人間の自己に潜んでいて、他を考慮に入れられない自己中心性や優越性が、カルマと悪の元です。それが自分に存在としての制約を設けて、苦しみや悲しみや病気、恐れをもたらしています。

それを果たすような事を、神様が出来事を通して、カルマの結果として下さります。それが人生の現実で起きてくる事です。しかも、起きてくる順番も、順繰りに神のお導きとお計らいで起きてきます。

その時その時、それらを素直に受け止めて、他を思う温かい配慮の心で、自分は素直で謙虚になりながら安心し、ひたすら果たしていけば、過去の好ましくない思いや行いを着々ときれいにして、解消していくことができます。

いつでも無心になって自分だけを思わず、全体のためや相手のためを思って目の前の事を果たしていけばよいのです。そうすると、次第に古いカルマが果たされ、自分の心も浄められ、心のカルマも解けていきます。周りのためにもなり、支障を来たすことなく、流れが運行していきます。

人はいつでも、良かれと思って行った場合でも、将来を自己規定するようなところがあります。するとまた生まれ変わってきて、それを受けて体験し、対処して果たさないといけなくしてしまいます。

ただ、悪業に対する相対的な善業でもしないよりはよいのです。本当の白業、仏教で言う無漏業《むろごう》だけを行おうとすると、手も足も出なくなってしまうかもしれません。とりあえずでもいいので、悪い事よりは良い事をしましょう。

もう少しわかりやすく言うと、いつでも自分を正しく認識して、悪い影響を及ぼさないようにし、良い影響は大きく及ぼすように留意するのです。

そのためには、自分の癖やパターンを、心の面でも行動の面でも把握していないといけません。自分の癖やパターンを心の次元でも行動の次元でも認識していて、それに気をつけること。それによって、悪い影響を極力控え、良い影響を最大限に及ぼすというような生き方が可能になるのです。

また、行ったら、様子を見ながら、自分の思いや意図や行いの適切さを自分で観察していきます。そして、まずかったとわかったら切り替え、時には反省し、謝罪もします。

また、縁のある神仏との関わりで生かされて生きるように心がけ、神仏を信じて自分の一切合切を委ねきることが大切です。すると他力によって自我が洗い浄められ、大きな所で自分が生かされるようになります。つまり、成長し、可能性が大きくなっていくのです。

自我が消滅し、洗い浄められることは、ある種の死です。魂の死とも言えます。それによって自分がレベルアップし、より良い生命体へと変容を遂げるのです。無我夢中で目の前の本務を行う超作、また祈りや瞑想などによって、それが着実に起きてきます。

お祈りをしたり瞑想をするとともに、必ず現実面でも目の前の事に実際に対応し、きちんと対処して果たしていくことで力をつけていかないと、本当には成長しにくくなります。お祈りや瞑想だけをしていても限界があり、現実に真面目に対処しているだけでも不十分です。

神仏との関わりで祈りながら、目の前の事に対して、周りを考慮し、温かい思いで配慮し、自分を反省しながら精一杯対処し続けてこそ、カルマも果たされ、生命体としても大きく進歩を遂げられます。それが結局は来世を自ら保障し、より良いものとしていくことになるのです。

今、行ったり、決めたり、思ったりしていることが未来を方向づけ、規定しつつあります。しかしそれをあまりに恐れて意識しすぎると、かえって難しくしてしまうこともあるかもしれません。

それよりは、今までのことから学び、また、日頃の自分の態勢を祈りや超作で作って、その場で勘を働かせ、神の許にいる自分を信じて、また周りを尊びながら無心になって行っていれば、それほど難しくなくいい方向に進んでいくものです。


自分も人も導き育てられていることを感じ、それを確認してみましょう。

これ以上良く思えないという心がけで、その時点のベストを尽くすことです。自分の持てる知識、資格、体力、立場、機会を善用し、自分を十分に活かすように現世で尽力しましょう。自分には常に正直になり、責任のとれることだけを行っていくこと、生きているうちに人を許し、感謝し、謝罪しておくことです。今世は今世で一代限りの人生です。それゆえ、この人生を一つの芸術作品としてそつなく仕上げ、完結するように心がけてていねいに生きるのです。

来世に向けて、今世の最後まで自分の体と心をケアーし、人を配慮して生き、周りの人々のために尽くし、調和共存し、楽しく無理なく学び励むことです。来世の仕事の準備も行い、次の生涯へとつなげましょう。

親鸞は後世のために百日間祈ったといいます。三世にわたる長期的プランニングを行い、将来の展望とビジョンを見据えましょう。理想に忠実に生き続けるのです。

予感される土地、気になる国を予め訪問してみましょう。ひょっとしたらそこが来世の地になり、布石を打つことになるかもしれません。今のうちからよくよく自分に重要な事は言い聞かせ、自分を作っておきましょう。

第11章

学びを来世に活かすために

自分の心、体、人間関係、物、土地、お金、知識、能力、技術、性格など、大切に愛情を注ぎ、正しい関係を結び、活かしたものは、来世で美しく豊かになり、恵まれ、その事から報いがあり、喜びと健康と平安をもたらしてくれます。今からこの点に留意して生きていきましょう。たとえば、自分や人のスキンケアをしている人は、来世で美肌が与えられます。髪の毛と上手に付き合うと、フサフサしたツヤのある髪を与えられるようになります。お金を善用してお金と正しい関係を結んだ人は、来世でお金に困ることはありません。自分の知識を人のために活かせば、好奇心が旺盛で能力のある人として生まれてきます。

人間には心が与えられています。心には意識の働きが備わっています。その内面的な働きには、未来を予感する能力とともに、未来を設定し、創造する力も与えられています。そのことに気づき、心の能力と可能性に目をとめて十分に善用すれば、今からでも来世という未来をより良いものに創造することが可能です。

たとえば宗教的な一つの誓いを立てると、それがいずれ良くも悪くも自分を規定し、実現させていくこととなります。特に宗教的な誓約や誓いではなくても、人間同士の約束事や自分の中の深い決意や意思決定、自分がある目標に向けてコミットする。そのようなことが、実は単なる心の中だけの出来事では終わらず、将来に影響を及ぼしているのです。

聖書の中にも、「誓ってはならない」と記されています。誓いの力には効力があるのです。人間はよくわからないままに、安易に誓ったり言葉で表明したりしますが、自分の吐いた一言一句に至るまで、人はその結果に出会い、責任を取らされるとも言います。それがカルマの法則です。

カルマとは、状況や他者を通してかつての自分自身に遭遇することです。過去の自分との遭遇です。それによって自分を自覚し、反省させられ、改め、そして責任を取るということを求められます。

それは懲らしめの原理ではなく、それによって周りを考慮しなければならないことを学び取り、自分の資質の一部にすることが、愛の人になり、世界を良くする存在に自分が昇格することにつながるからです。

人間は、心で「こうだ」と決める、さらには神社仏閣にお参りしてお願いをし、誓いを立てる。そうすると自分のその行動にある種の縛りが伴うようになるため、たとえば願い事が叶った時は、同じ神社仏閣に行って報告し、いわゆるお礼参りをしないといけないことになるのです。

日本人は、安易にあちらこちらの神社仏閣でお願い事やおねだり事をします。しかし、叶うとすぐに忘れてしまい、悪気はなくてもそのまま放置してしまいがちになって、後で困る事が起きてきたりします。

たとえば東京在住の人が、たまたま秋田にある小さな神社にお参りに行って、「子どもを授けてください」とお願いしたとします。帰ってきてしばらくしたら妊娠して子どもを授かった場合、たとえ遠くても秋田のその神社に行ってお礼参りをしないといけません。

自分の中で誓ったことや人との約束事、さらに霊的な神仏との誓いやお願いなどによって、一つの効力が発生します。しかし同時に、それには責任も伴ってくるのです。来世をより良くするためには、あまり縛らないことです。

もう一つの留意点は、より良く縛る、つまり心の働きを知って未来を上手に創造するということで、その心の働きと能力と特権を活用すれば、現時点の置かれた状況や、自分の立場、能力や願いが未来に活かされるようになり、将来に及ぶことになります。計画性をもって、神の許、心を適切に運用するのです。

愛は、応用力とさえ言えます。状況にしても、能力にしても、それは一つのあり方であり、事実以上のものではありません。

「性格が良い」とか、「能力が高い」とか人は言います。あるいは「状況に恵まれている」とも言います。しかし、もっと大事なことは、どんな状況や能力や性格であっても、そのあり方を正しく認識し、受け止め、それらを良く捉え、最大限に発揮し、他者のためになるように行使していくことなのです。

人は、事実やあり方そのものがいいとか悪い、問題だとか、優れているとか劣っているなどと断定したがりますが、それらは単なる事実にすぎず、それ以上でも以下でもないのです。一つのカルマ的結果です。

性格も、能力のタイプや程度も、状況も、それがどうであるかを認識したその後《あと》が大切です。認識した後、それをできるだけ周りや関わる人のために最大限に良い形で活かそうとすることこそが、重要で決定的なことなのです。

それによって、目に見えない資産を増やすことができます。形を超えたものへの増資とも言えます。

イエスはそれを「天に宝を積みなさい」と表現されました。地上で形になっている宝やお金を積んでも、さびついたり、だめになったり、盗まれたり、火災に遭うかもしれないし、水害に遭うということもあります。しかし、天の世界は壊れません。形を超えた思いやり、愛、勇気、慰め、ほほえみ、人助け、いたわり、許し、そういう資産を増やしていくことです。

いつでも、どんな状況や事実に対しても、それを正しく認識して、それを踏まえて、できるだけ良い形で行使しようと意図することで、来世をより良いものにしていくことができます。

また、現世の残りである今後の思い方と生き方もことのほか大事です。そこには老後の過ごし方も含まれます。現代の日本人ばかりではなく、世界の大半の人たちは、物やお金や肩書きに傾きすぎ、心、命、魂、道徳、神、霊界などは軽んじる風潮が著しい世の中になっています。目に見えるものを重んじ、それらをひたすら追いかけ、疲労しています。他者を配慮したり、尊重、信頼することが欠如し、マナーや自然の摂理、命のルールなどが後回しにされてしまっています。これは、自由競争の弊害です。社会性が足りないのです。

しかしその一方で今の時代は、一度著しく物やお金に傾いたためその弊害に直面させられ、異常気象などによる自然災害も受けながら、次第に人間が心、命、愛、思いやりなどに目覚め、それらの元に神仏や霊的世界があることを思い知らされるべき時期でもあります。

そのような特殊な時期を、今、通過中であることを知ってください。ただ世の中が悪化していく一方ではないのです。もちろん、油断をしていたら、自然災害や地球の温暖化、あるいは核戦争やテロ、食糧難などによって、地球と人類が危うくなる危険性は孕んでいます。

しかし、元には神がおられ、いいように計らってあげようとなさっておいでです。人間は、追い詰められないと気づかず、改めようとしないところがあります。そのため、地震や水害や食糧難やテロが、また犯罪が、身辺に起きてきているのです。

温暖化に対しても、ようやく京都議定書を始めとして人々が重い腰を上げ、渋々認め、取り組み始めています。この例からも、悪化しているように見える状況でも、神がぎりぎりまで人間を追い詰めて目覚めさせ、変えさせようとなさっている意図が読み取れます。

また、世相は悪くなり、進歩どころではなく退歩であるようにも見えますが、その一方で、人間は地道に至る所で学んで教訓を頂き、全体としては少しずつ改善され調整されてきていることはあります。やはり人間は成長し、良くなりつつあるのです。

「三〇年前、五〇年前、一〇〇年前はもっと良かった」と言う人たちがいます。確かに、いまよりも良かったことはあるでしょう。しかし、一方では、現代の人たちのほうがマナーを覚え、きちんと行い始め、周りを配慮し始めていることはあるのです。社会も良化しつつあります。いじめや自殺などの問題は、確かに悪化現象ではありますが、それらを通して人々が真剣に討議し、考え、改め始め、それらからも貴重な教訓を学び取って成長を遂げ、改善を図ってきて、成果を上げつつあるのです。殺人も、悪辣《あくらつ》化しているように見えますが、ある意味で昔はもっと野放し状態で、取り締まりもなかったことを忘れてはいけません。

現代は、悪化した出来事が起こり、人々の心も荒廃し病んでいる面もありますが、それは最後の灰汁《あく》出しであり、神による試みであり、人類の試練にもなっているのです。そのような中でカルマに向き合い、それを受け止めて責任を果たすことで、次第に人類の将来は上昇カーブを描く方向に向かいます。

おそらく、あと二〇〇年か三〇〇年もすれば、かなり良い時代状況が訪れることでしょう。あと数年では難しく、問題の規模と深刻さからして、また人々の課題と成長度合いから見ても、あと五〇年、一〇〇年単位でも困難でしょう。しかし、その危機と苦難を乗り越えていくことによって人類は目覚め、浄められ、育成され、鍛えられ、二、三〇〇年後はずいぶん良くなっているはずです。

今生きている人たちは、二〇〇年後から二五〇年後に転生する人たちがほとんどですから、素晴らしい時代を共に創る使命があり、その頃に生まれ変われる可能性も秘めています。ですから、予定通り順調に行けば、すぐ後の来世はより良いものとなります。しかし今油断して、自分を高め、浄め、反省し、他を配慮することをしないでいる人たちは、二、三〇〇年後の素晴らしい地球に生まれ変わることは困難になります。霊界でしばらく修養を積み、自粛させられることでしょう。

地球学校の偏差値は次第に高くなり、地球学校で進級する、つまり人間として生まれ変わってくることが難しくなるのです。あの世もこの世も、少しずつ浄められ、レベルアップしていくことは確かです。

前世で創ったものに加えて、今行いつつあるものが付け足されて未来を規定し、創り上げげつつあります。たとえ前世を思い出せなくても、今の性格、体質、健康状態、能力、周りの状況などは、現世の数十年ばかりではなく、すべての前世の総決算として表れているのです。

性格も、能力も、これまでの何千年、何万年に及ぶ全転生の意図や行いの凝縮したものとしてあります。その人の今の有り様が、何千年、何万年にわたるものの結果としての波動の質やレベルになっているのです。そしてそれを認識し踏まえて、残された現世でそれを大切にし、さらに育み調整できたかに応じて、来世がどの程度のどんなものになるのかが決まってきます。

けれども、慌てることはありません。もともと、一つの人生では完成するのは困難なので、複数の人生を機会として与えられたということが輪廻転生です。一つの生命体がいくつかの人生を生きて、改善、成長し、宇宙を良くしながら本源へと向かうことが転生です。

そこにおいては、互いに競り合うことは愚の骨頂です。互いに配慮し、譲り合うことが、地球学校という輪廻転生の舞台での鉄則、あるいは校則です。お互いに相手の成長や恵みや救いを祈り合うことです。

人類は互いに関わり合い、結ばれています。自分だけの来世が良くなったり、自分の家族やグループや民族だけが救われたりということを考えても難しいのです。

人類は一つの体です。ONEです。互いに足を引っ張り合っているところもありますが、もっと互いのことに責任を感じ、どこの誰でも自分の一部だという自覚を持つことです。宇宙意識に目覚めると、地球共同体という自覚が生じ、互いの成長や体験に共感し、協力の手を差し伸べることでしょう。

近視眼的に捉えず、まず現世の老後の学びに前向き、意欲的に取り組むことが、現世を最大限に充実させ、来世により良い形でつなげることになります。

たとえば、七〇歳を過ぎてから英会話学校に通うのも良いことです。あるいは、死後の世界や霊界、輪廻転生の法則、神様について学ぶことも、老後の良い生涯学習です。自分を探究し、整え、育て、活かし、周りの人々や自然のためにも生きること。そうすることは、来世に着実に備えていくことになります。現世では定年退職していても、あるいは主婦であっても、これから英会話を学べば、生まれ変わってきた来世で語学力の資質を持って生まれてこられることでしょう。

先がずっとあるということが、輪廻転生で知らされているのです。今世一代限りで人生をプランニングするのではなく、三世という長期的な展望に立って、現世の最後の一日まで前向き建設的に、しかし無理をすることなく、楽しく取り組むことです。すべての努力は決して無駄に終わらず、良くも悪くも報われるのです。

過ぎてしまった前世は固定していますが、来世はまだ定まってはいません。今どのように生きつつあるかがポイントです。生まれ変わってくるのはまれなことです。あの世にいるほうが長くて普通なのです。だからこそ、いまこの世での人生を大切にしないといけません。

生きているうちに福徳をできるだけ積むこと、他者のため自然のために生きること、自分で自分に大切なことを言い聞かせておくことです。性格と行動パターンを正すこと、神との関係、人々との関係、自然万物との関係などを良くしておき、さらに、お祈りをすることも忘れないでください。

第12章

輪廻転生を終えるということ

輪廻転生を終えるということは、地球学校を卒業することを意味します。この世に生まれてくることは、地球学校に入学するということです。

何回も生まれ変わって人間として出てくることは、地球学校で進級したり、また、その魂がグレードアップする時は進学することに相当します。直前の前世が中学一年生、現世が中学二年生、来世が中学三年生、次の来世では今度は高校に進学し、高校一年生となります。

学年の間の春休みが、霊界に行ってしばらくお休みをしながら、前の学年の学びをおさらいし、次の学年のことを思いめぐらして予習し、準備して、目的意識を新たにした後、再セットすることに相当します。

そして、大学四年生で卒業することが、地球学校での輪廻転生を終了することに相当します。これはあくまで喩えで話していますので、誰もが大学四年生まで行かないと学業が修了できないという意味ではありません。

基本的にこの喩えで見ていくと、大学四年生で卒業すれば輪廻転生が終了となります。それは、カラーナのレベルまで到達したことを表しています。カラーナのレベルまで上がると、地球学校の卒業となります。

カラーナまで行っても転生する人は、地球学校に生徒や学生としてではなく、大学院生、研究生、地球学校の教員となって還ってくることを意味します。これが還相回向です。

現代の人類はまだレベルの平均がアストラルなので、それ相応の地球と社会の状況となっています。課題も常識も、現代の人類のレベルを表しています。起きる事はその時点の課題やレベルをいつでも表すからです。また、その時期に必要な学びや、果たせるカルマをも表してくれてもいます。

すぐに地球が良くならない理由は、まだ人類がそこまで進歩していないことを教えてくれています。心の成長や癒しには、手間も時間も労力もかかります。地球は規模が大きく六七億人もいるので、簡単には地球の状態は良くならないのが事実です。

そのために人は何回も生まれ変わり、必要な経験を積まされて徐々にレベルを上げ、カルマを清算し、心を浄める機会を神から与えられていきます。

しかしまずは、今から二、三〇〇年後に一つの良い生命進化レベルには到達しそうで、その手前の二一世紀が、ある意味でいちばん落ち込んで、物に傾いた異常な時期になります。環境問題、エネルギー問題、食糧不足、宗教やテロの問題、核戦争の危機、教育や医療の問題などに直面し、対処する中で試され、成長と理解と調整が求められてくるはずです。

その中で均衡を取り戻させるように、宗教やスピリチュアルなものが新しい装いで登場し、人々から求められだしているのです。そして次第に心と物との両方の調整がなされつつ、双方がそれぞれ相手から学び、統合されたＯＮＥの時代が訪れます。宗教間の対立や争いも次第に収まることでしょう。

現世で輪廻転生を終了できる人は、ほとんどいません。これまでにすでに輪廻転生を終了した存在は、ある一定人数出てきています。地球学校の卒業生というわけです。イエス・キリストやゴータマ・ブッダは、よく知られている例です。

カラーナレベルに達しても、生まれ変わってくる人もいます。カラーナまで達すれば生まれ変わる必要はないのですが、あえて生まれ変わる者がカラーナレベルの一〇人のうち三人程度います。

それは、自分の学びが必要であるとか、自分個人のカルマを果たさなければならないからというよりも、他者のために出てくるのです。他者を助け、導きつつ、自分もまた物の世界に出てきて、物の世界に秩序を与え、その取り組みの中で自分もさらに一段と成長を遂げられるから出てくるのです。

それによって、プルシャのレベルへと次第に近づいていきます。それは、個を脱却した神霊のレベルです。

カラーナのレベルは、理性がよく働く、良識のある人たちです。自分の肉体の欲望や心の感情などを自覚し、浄め、ほぼ統御できるようになった人たち、また、自分の周りの環境もほぼ収められるようになった人たちがカラーナのレベルです。

肉体の欲望で知られているものには、睡眠欲、食欲、性欲などがあります。それらを自分で自覚し、ある程度収められる人。あるいは自分の怒りや憂鬱《ゆううつ》、感情の起伏などをある程度収められるようになった人たちが、理性を主体としたカラーナの人です。良識をわきまえ、それをほぼ行えるようになった人たちが、輪廻転生を終えることができます。しかし、人は見かけだけではわからないし、人によって得手不得手もあるので、まだまだに見えても完了に近づいている人もいれば、もうすぐに見えてもそうでもない人もいます。

転生受肉したということは、自分の肉体とそれに伴う心の働き、また周囲の物理的環境をある程度収め、コントロールする力を身につけるためのトレーニングです。また、自分の物の部分を浄めるためもあります。

それがなされると、マスターと呼ばれます。「心と肉体と環境をマスターした」という意味です。イエス・キリストはそれを完全に成し遂げたために、復活を遂げられました。ゴータマ・ブッダは、ニルヴァーナという最高の境地に至りました。それらは人類の目標であり、お手本と言えるでしょう。

各宗派や各分野に応じたマスターや指導者が派遣される必要もあって、カラーナに到達しても生まれ変わってくる者が存在し、働きを為しているのです。

輪廻転生が終了したレベルは、まだ解脱ではありません。解脱はもっと高いレベルです。「取りあえず生まれ変わらなくて済むようになった」のがカラーナのレベルです。本当の解脱は、プルシャ以上のONEのレベルです。宇宙創造神のレベルに行って初めて完全なる解脱を遂げ、ニルヴァーナに入ります。

まず、輪廻転生をカラーナのレベルに到達して終えると、自分を自覚し、ほぼ統御できるようになっているはずです。

そのあとは、地球に生まれ変わり続けてさらに自分の格を上げていくか、あるいはもはや生まれ変わらずに霊界で修行し、周りのためになりながら守護霊や指導霊を務め、自分の修行も行いつつ、霊界で上昇して格を上げて、本源に至って解脱するか。二通りの道が用意されています。その存在の特質、方向性、役目、願いなどが加味されて、どちらの道を歩むかが決められます。

まれにプルシャまで行った者が人として生まれ変わってくることがありますが、その場合は人間の転生受肉とは言いません。神の子の誕生と見なされるべきものです。イエス・キリストを始めとする聖者方が人間の形を取って生まれてきた場合が、それに相当します。

プルシャまで行くと、もはや個人ではなく、一つの大きな場所的存在になります。それは、一人の人間の枠を超えています。まさに神々のレベルです。それが本当の聖者や聖人なのです。しかしそれは、世間的には見分けがつきません。職業や地位や見かけではわからず、たとえば聖者のように装っていてそうではない場合もあり、普通の人のようにしていても、実は真の聖者の場合もあるからです。

エドガー・ケイシーからライフリーディングを受けた一二〇〇人程の中で、一八人だけが「現世で輪廻転生を終了できるかもしれない」と告げられました。ほぼ七〇人に一人の割合です。エドガー・ケイシーのリーディングを受けられたこと自体が偶然ではないので、一般の人たちからアトランダムに取れば、一〇〇人から一五〇人に一人程度いるかいないかでしょう。

この一八人は、世間的に見ると普通の人たちが大半を占めていましたが、一つの共通点が見出されました。それは、利他的であり、奉仕的な生き方を好んでいたという点です。

自分のことばかりを考えず、周りのために自分の命と時間を捧げて奉仕的に生きるように心がけ、それが本当に身につくと、輪廻転生を終えられそうだということがわかります。

自分のことを顧みず、周りの人のために自分や目の前の機会を活かし、愛をもって見返りを期待することなく生きている人たちは、自分を脱し、カラーナのレベルに入りつつあるのです。

あと二、三〇〇年もすると、多くの人たちがカラーナのレベルに入っていき、それに伴い、地球にも住みやすい平和と調和の時代が訪れることでしょう。

その一歩手前の時期として、二一世紀は試みと試練と苦難が多くなりそうです。十字架のヨハネが霊魂の暗夜と表現した時期を人類として共に通過していくことになるかもしれません。物に傾いたアンバランスなあり方がしばらくは続き、エネルギー危機や食糧難、地球の温暖化や異常気象によって神から警告され、考え方や行い方の是正を求められていく世紀です。

現世で終了することを無理して求める必要はありませんが、「現世で終了できるかもしれない」と言われた人たちの考え方や捉え方や生き方は、誰にとっても参考になります。宗旨宗派や職種を問わず、社会的な地位や外見も問わず、もちろん性別も問わず、国籍も問わず、誰にでも必要で、求められる生き方です。

たとえば性別ということに関して見るならば、昔記された仏典には、「男性は成仏するけれども女性は成仏しがたい」と記されています。法華経には例外的に女人《にょにん》成仏、竜女成仏が記されていますが、その場合にしても「女性は、一度男性になってから修行して成仏できる」と記されているのです。

今から見るとひどい偏見ですが、当時としてはそれでも先駆的な考えでした。

日本でも数百年前までは、主な聖地は女人禁制でした。「女性は穢《けが》れており、修行して成仏することには値しない」と見られていたのです。

しかし、ケイシー・リーディングを見ると、もともとリーディングを受けた人に女性が多かったこともありますが、「現世で最後になるかもしれない」と言われた一八人の、三分の二位が女性だったことは驚くべきことです。どうやら性別は輪廻転生を終了させることや霊的成長の度合いとは無関係のようです。

男性は女性に、女性も男性に生まれ変わります。性別は肉体とアストラル体にまであるだけで、カラーナ体や霊には性別はもともとありません。皆平等で、男性が女性に、女性が男性に生まれ変われます。

一八人の人たちは、「現世で転生を完了する」と言われたのではありません。「このままうまくいけば、完了できる可能性がある」と言われたのです。卒業証書を頂いたのではなく、リーディングという形で卒業見込み証明書を頂いたということになります。会社の就職内定にも似ています。リーディングでお墨付きを頂き、油断せずこのまま良い心がけで励めば、今回の人生で転生完了できそうだというのです。

それらの中の多くの人たちが、無名の、世間的にはごく普通の人たちばかりでした。これは考えさせられる点です。なぜならこの世は、ほかのさまざまなものが幅をきかせていて、それに沿って人は価値判断し、突き動かされているからです。

本当のものを求め、また見極めることが、輪廻転生を完了させる成長と純化の目安となります。そのことこそが本当に大切なことで、それに気づいて育んでいけば、誰でもいずれ、遅かれ早かれ転生を完了できます。

また一方、地上を良くして素晴らしい場に設《しつら》えることも、人類の義務と使命です。

霊的世界に向かい、転生を完了させて、あとは霊界で修行をし、周りのためになり、格を上げて命の本源に還り着くということばかりを思わず、積極的にこの世に出てきてさらに力をつけるとともに、人々のためになり、社会と地球を良くする働きをすることも、人類の重要な務めとして依然として残されています。生まれてきてこそ、この世で肉体をもって学べることや果たせることが依然としてあります。

カラーナという英知のレベルに到達しつつある人たちは、現代の人類のレベルからすると一〇人に一人程度でしょう。残りの大半の人たちは、まだアストラルレベルです。アストラルレベルとは、普通の霊界に行く人たちであり、感情が主《しゅ》となっている人たちです。

たとえば、学者や政治家や評論家が、理性的かつ論理的に理論を展開したり文章をまとめたりしていても、その元には利害や好き嫌いなどの感情や思惑があって、それに左右規定され、ただ表面を論理的にまとめている場合が多く見受けられます。感情が全体を方向づけ、その中で論理が展開されていて、結論もその中にある場合です。自分の私生活や仕事においていろいろな問題や課題や悩みがあり、人の気持ちを解《かい》せない人は、どんな職種やポジションの人でも、アストラルのレベルです。

しかし神は人類を見捨てることなく、忍耐をもって長期的に育て導き、鍛え上げようとなさり、それがさまざまな出来事や状況として、カルマを使われて起きてきています。カルマがすべてではないにしても、カルマを題材としてそれを上手に用いられて、人類は鍛えられています。

その意味で、地球学校の教科書とはカルマであり、出来事が体験学習の教材になっている場です。そして、クラスメイトとは家族や周りの関わる人たちです。

カラーナになっても、一〇人のうち三～四人は、積極的にまた転生してきます。親鸞はそれを還相回向《げんそうえこう》と呼び、とても重んじました。親鸞の浄土教は決してあの世志向ではなく、積極的であり、密教に通ずる現世肯定的な力強い面があるのです。それこそ大乗の慈悲行、菩薩道です。

カラーナの人たちがこの世に出てくると、良い影響を周りに及ぼし、周りを支え、成り立たせ、課題をクリアーさせ、おのずと調和をそれぞれの場や状況で作り出していきます。

自分の中の良識に目覚め、善意をもって生きるように心がければ、カラーナのレベルに向かいだします。

そのような存在は、生ける菩薩とも言えます。あの世でどんどん上がっていくことを断念し、この世に積極的に出てきて、人々と共に苦しんだり悩んだりしながら力や知恵を貸し、周りと共に生きていく菩薩的存在です。

人類は、その人たちの恩恵にあずかっています。驕《おご》ることも自己主張することも人を見下すことも少なく、周りに溶け込んで、周りをさりげなく支え、安らぎや気づきをもたらして助けとなっています。

最終的には、カラーナからプルシャ、さらに宇宙創造神のONEのレベルへと霊界や神界で上昇し、全体と一つである状態を作り上げます。神と一つになり、全体の一粒として完全に融け込んで調和し、全体に寄与します。神の協同創造者となるのです。

個人でありながらも、同時に全体と一体である。完璧に調和している。それが最終形態です。自我が完全に払われ、一つの個体でありつつも、全体に完全に溶け込んで調和し、ダイナミックなハーモニーがもたらされている状態です。それが本源に立ち返ったという最終形態です。

ブッダはそれをニルヴァーナと呼びました。

誰でも、最終的にはそのような状態に至る可能性を神から頂いているのです。ただ、それはまだ種の状態のままで、それを育て、育み、鍛え上げていくのはそれぞれの責任に委ねられています。

それでも私たちは、神から導き育てられているので、それに気づき、目をとめて、自分をそこに向けていけば、目の前の事がそのために今最も有効で欠かせないことであるとわかり、それをきちんと果たしていくことこそが、最終形態を実現させる道を歩んでいるのだとわかります。

それを一歩一歩、歩んでいくこと。周りの人々の歩みも配慮し、サポートすること。目の前の事から取り組んでいくその姿が美しく、尊いものなのです。互いに尊び、敬い、活かし合うことを共に行っていくのです。

たとえ歩みは遅々たるものであっても、その少しずつの取り組みや一歩一歩が、大切にされなければならないことです。速いか遅いかは、それほど気にかける必要はなく、神や宇宙時間から見れば、全く問題ではありません。それよりも今、どれだけそれをなしつつあるかを大切に、各自が取り組むこと。また、他者の成長や取り組みに気づいて配慮することが大切です。目安になるのは、自分の中の理想のビジョンです。自分の中に「こうあるのが自分の最終的な完成形態である。理想のありようである」、そのように思えるイメージが存在するのは、取りも直さず神がその人の最終形態を知らせ、予見として与えてくださっている何よりの動かない証拠です。

その時その時の自分のビジョンや目標を大切にし、そこに自分を献身させながら懸命に生きていくことで、創造神と自分との関わりが、理想のビジョンとして各自の中に現れます。自分の中のビジョンと目標を目安に、今、目の前の使命に、超作で取り組んでください。

人間は、その時自分にできることだけをすればよいのです。あとは心配をせず、神を信じて委ね、周りと共に今を大切に生きていきましょう。

第13章

総括　～来世に宝を積む～

人は誰でも、この数万年間生まれ変わってきています。いちばん早い人で一千万年前からですが、その頃はまだ、今のような固定した生まれ変わりの状態は整ってはいませんでした。

本当に生まれ変わりらしくなって、あの世とこの世とを行き来するようになったのは、今から五万年程前からです。特にこの二万年程で、地球上では生まれ変わりが普通になりました。

意識のレベルによって、あの世とこの世との行き来の方法が多少変わってきます。

アストラル上層のレベルの人たちが、今、最も多くいます。それが普通の人たちです。普段、良い事を六つ行い悪い事を四つ行う、六分四分の人たちです。カラーナレベルの人たちは、良い事を七つ行い、悪い事は三つぐらい行ってしまいます。

最も多いアストラル上層の人たちは、死ぬと中層の霊界に赴きます。普通程度の霊界です。普通程度の霊界では、この世とさして変わりはない状態で生活しています。それほど不便はありません。普通程度の霊界に赴く者が最も多く、いちばん頻繁に生まれ変わります。

一方、アストラルの下層である地獄は、生前に良い事は三つぐらいしかせずに、悪い事を七つぐらいしてしまっている人たちが赴く霊界です。それらの人たちは自我への執着が人一倍強く、反省心や他を顧みたり配慮することがなく、社会性も持ち合わせず、良心のかけらも見当たらなかったりします。

特に、地獄でも下の方になると、良い事をするのは一つか二つで、悪い事が八割、九割だった人たちです。そうなると自我の塊のようになり、周りと、認め合い、受け入れ合い、違いのままに了承し合って共存することが困難なため、物の塊のようになって、がんじがらめ状態で地獄にあります。当然苦しく、激しい欲望や感情の渦を巻いています。

そのような地獄に向かった者は、容易には生まれ変わってくることはできません。しかし、自由競争の中で、悪い意図でも悪知恵が働いて要領が良いとある程度うまくいく現代のような世相、社会の状況には、再び人間となって生まれ変わってこられたりします。すると、次第に本来の悪性が出てきて、とんでもない事をするようになります。

霊界で千年以上も生まれ変われずに苦しんでいた者が、「今の世相なら」と生まれ変わってきて、犯罪者になったり、テロを引き起こしたり、企業悪を働いたり、いろいろと困った事をし始めているのです。

見かけはごく普通の人でも、親の頭をバットで殴って殺したり、見ず知らずの人を建物の屋上から突き落として死なせたりする事を行う人たちです。表面的には普通の人に見えても、内面の性質に悪があり、他を顧みません。時代状況が、その人たちを生まれ変らせるかどうかを決めるのです。

もちろん、良い魂たちもたまに生まれ変わってきてくださります。そのような人たちも見かけは普通の人でありながら、中に善なる性質と意図があり、社会性があって、自分をわきまえています。周りに良い感化をもたらし、周りが成り立つように助けることを行っています。分裂や混乱を収拾して、秩序をもたらし、多くの人が生きる助けとなっています。

地獄などの下層に行く魂と、進化を遂げつつあり社会の役に立って高い霊界に行く魂は、生まれ変わりのサイクルが長く穏やかになる場合が多いのです。

中程度に進化した魂が、最も頻繁に生まれ変わります。生まれ変わりやすいことと、この世への未練や愛着があってまた何かをしたい、ある事を遂げたい、夢を叶えたいという欲があるからです。しかし、それほど悪気はないので、比較的容易に生まれ変わってくることができます。

最終的には生まれ変わりが完了し、あとはあの世で進化しながら命の本源へと向かっていきます。

地球は学校のような所です。お互いは生徒同士のクラスメイトだと思ってください。自分だけが飛び抜けて優等生になって早くに卒業することは、実際は難しいし、意図しないほうがいいのです。

互いに和気あいあいと助け合い、学び合い、教え合う。困った時は、手を差し伸べ、支えて、譲り合う。そのようにして地球のレベル自体も高まり、この世も住みやすくなっていきます。

自分のペースだけを速めようとするよりも、また人に優ったり勝とうとするよりも、今困っている人に手を差し伸べたほうが得策です。それが結局は、自分も愛する大切な家族も浮かばれることになるのです。そしてそれが神のお心の方向です。

これまでの数万年間で、地球上では生まれ変わりが定着しました。では、あとどのぐらいの期間、人は来世に向けて生まれ変わるのでしょうか。

あと一度や二度で済むという人はわずかです。それゆえ、慌てないことです。成長を遂げた者が少しずつ増えていけば、おのずと霊界が浄まり、整い、この世の側も住みやすい良い世の中になっていきます。転生してくることも楽しみになり、生きやすくなります。

今は、二〇〇〇年から二五〇〇年に一回程度になってきているのが一般的です。二〇世紀の一〇〇年間に、三回も四回も同じ実体が生まれ変わってきているということは、実際はほとんどありません。人はそれほど頻繁には生まれ変わりません。生まれ変わってくることは大変なこと、まれなこと、ありがたいことなのです。仏教でもそのことは強調しています。

あまりに頻繁に生まれ変わると、消耗が激しく、学びが上滑りになったり、空回り状態になります。人は、一つ一つの人生をしっかりと生きていくように神によって計らわれているのです。人間となって生まれてくるのは、大変なことなのです。また、貴重でありがたいことでもあります。

自分のその時持っている知識と、能力と、機会とをいつでも極力善用することで、人は着実に進歩します。それが来世の自分への贈り物となり、また、来世を自ら保障することにもなるのです。また、他を助け、考慮することで、相手のためになり、世の中を良くする一助となるとともに、それが自分を保障することにもなります。

お金も物も、社会的な地位も資格も、最終的に自分を保障するものではありません。本当に自分を保障してくれるものは、神と自分とのつながりと、周りの人のためになっていくこと、この二つです。それが「天に宝を積む」ということです。結果を当てにして行うのではなく、自然にそうするようになっていきます。

しかし、最初は、意識的に、努めてそれを心がける必要があります。そのうちに自分の習慣として根づき、無理なく、意図しなくともそのように振る舞い、生きる自分が作られていきます。

そこまで行って今世を終えると、次に生まれ変わってきた時はそれが自分の資質の一部として組み込まれているので、無理をしたり、それほど努力しなくてもそのような人になって生きていきます。

それがカラーナ人です。理性的で善意があり、社会性を持って一人ひとりのかけがえのなさを承認し、互いに棲み分け、協力し合って生きる人たちのことです。

前世があり現世があるならば、来世もあります。死後の世界は霊界だけではなく、来世もあるのです。それは、親鸞が往相・還相の二回向として説いた通りです。これからも数百年から数千年は、多くの人たちは生まれ変わっていくことでしょう。前世がいくつもあるように、来世も一つだけでなく、複数待ち受けているということになります。

未来の地球、この世は、良い所になりそうで楽しみにできます。ある意味で、二一世紀が最も大変な時代かもしれません。人類は今、正念場を迎えているのです。

その時期に生まれ合わせたということにも、必要性や意味があります。それだけに取り組み甲斐《がい》があり、大きなカルマを果たして成長を遂げられる良い状況でもあるのです。多くの人たちや、地球の自然を助けるチャンスでもあるのです。それをすることが、自分や子孫が生まれ変わってくる素晴らしい場を今から備えていることになります。

先祖とは、誰でしょう。それは、自分たちの前世の人物のことです。子孫とは、誰でしょう。ほかならぬ自分たちの来世の人物のことです。

自分も、自分の愛する人も生まれ変わるとするなら、無責任なことはできなくなります。自分や自分の愛する人たちが来世に出てきても困らないように、地球や人類や人々のためになることをすること、それこそが自分自身への保障にもなるのです。

真我を見出し、自分を全体として整え、愛と命の本源へと向かい、一体化を目指す自分探しの旅は、前世から現世、そして来世へと、途中の霊界滞在も織り混ぜつつ一つのシリーズをなして、生まれ変わりながらこれからも続いていくことでしょう。その魂の旅を、この本に書かれたことを参考にして、自分らしく、また周りを思いやって歩み通していきましょう。

第14章

来世に向けて今を生きる　〜リーディング事例集〜

リーディングのさまざまな事例

人は誰でも、自分を知りたい、探し求めて、見出し、取り戻したいという自分への関心があります。これまでさまざまな視点から、自分探しについてお話ししてきました。

ここでは具体的な事例をいくつかご紹介していきます。これからご紹介させていただく方々には、今回この本を出版するにあたり、ご自身の課題やリーディングの内容を公開することで、同じような課題をお持ちの方々への力づけとなり、またそれ以外の方々に対しても何らかの形で参考となり、お役立ていただけるのであれば、ということでご協力いただきました。このような生き方がカルマの解消へとつながっていくことにもなります。

私ども通常の個人リーディングは45分前後行いますが、今回は事例用ということで25分前後の短いリーディングを行っております。

◇リーディング①

年齢：24歳
性別：男性
2008年10月9日

ソースへの質問：自分自身、何かいつも中途半端な感じがしており、仕事に関しても何か定まらないといった日々を送っています。来世に向けて今世の課題をできる限りクリアーし、前向きに生きていきたいと思っています。自分は今世、何のために生まれ変わってきたのか、自分が前世から今世に持ち越してきている課題をお教えください。

ソース：あなたはこれまで、主《おも》に日本の中で生まれ変わってきました。日本でしか生まれ変わってきていないということではありませんが、日本での生まれ変わりが多かったのが特徴です。そのため、日本の国土や日本の魂とのご縁が緊密です。

そこから、良くも悪くも日本的な精神、日本の特性や弱点、課題なども持ち越してきてもいるのです。人の生まれ変わりを見る場合、歴史ということで魂を追っていくと見えてくるものがあります。なぜなら、日本史、広くは世界史自体が、人々の生まれ変わりによって構成されているものにほかならないからです。

たとえばあなたが、日本で多く生まれ変わってきたということで日本史を紐解《ひもと》くならば、そこに自分を垣間《かいま》みることができることでしょう。事実に対する捉え方も重要です。

あなたは自分のことを優柔不断だと捉えています。確かにそのようにも見える節《ふし》はあります。しかし一方、柔軟であり、素直だということでもあるのです。人間にとって事実だけが大事なのではなく、人間には心もあるので、心で事実をどう見ていくかに注意を要します。その見なし方によって実感が異なり、現実に対する実際の対応も異なってくるので、運命や今後の方向もそれ相応のものになってくるからです。

それゆえ、これからはできるだけ自分を肯定的に見るようにしてください。たとえ周りからあなたに対して否定的に、「課題がある」とか「問題がある」とか、「なぜ若いのに働かないのだ」など、そのように言われたり、あるいは見られても動揺しすぎないでください。このことは、自分の課題や弱点に目をつむるということではありません。そうではなく、まず事態をできるだけ肯定的に見ていくこと。そこから可能性や明るい展望が開かれてくるからです。

前世で自己を主張せず、周りの動きに合わせて自分を提供し、生きてきました。日本の歴史を見ても明らかなとおり、昔は今よりも社会が単純で、人々も素朴でした。あなたの前世も素朴な人でした。自分で「これをしたい」とか「絶対これをするんだ」ということが、あなたはあまりありませんでした。しかし、現代の日本は欧米の影響を受け、そのように没我的《ぼつが》では生きていきにくい社会状況になってきています。

そのためあなたは困っており、前世では課題ではなかった事、むしろ美徳だった事が、今の日本の状況では難しくさせてきていることに気づいてください。そしてまずは安心し、落ち着くこと。そして、心に余裕を持って自分を見ていくことです。まずこのような社会状況の中で、自分はどのように対応していくと良いのかを、自分に問いかけてみることです。

あなたの場合、自我が全くないのではありませんが、あなたの特技は周りの事態に応ずるというところにあるのです。広い意味で、あなたは請負《うけおい》業的なことに適性があります。また、人生の知恵に富み、いろんな気づきやひらめきも出てきます。

教育の分野が適しているかどうかということについて見てみると、それは教育の質や内容に依《よ》ります。既存の教育体制には、正直あまり向いているとは言えません。しかしその分、本来の教育や人をサポートすることには適性があります。

あなたは教育に興味があり、「しかしなぜ道が拓《ひら》かれないのだろう」と訝《いぶか》しがります。それは、自分に適性がないか、あるいは才能自体がないか、あるいは怠慢《たいまん》であるかというように、自分を見なすようになりました。それは、いろいろチャレンジしたけれどもうまくいかなかったことに因《よ》ります。また、周りからもそのように見られるようになったからでしょう。しかし、改めて教育ということについて問いかけ、同じく教育といっても、教育の種類や行い方によっては自分が向いており、自分が評価され、自分を発揮することができるところがあるかもしれない、ということで見てみることです。

もちろんそれだけですぐに採用され、あとはとんとん拍子にいくとは限りません。しかしまずは方向が見えてくること。それから落ち着いてじっくりと自分を磨き、その態勢に応じて創り上げていくことなのです。必要なトレーニングを受けたり、場合によっては資格も取得しましょう。

また、教育ということに限定せず広げれば、相談に応じたり教えたり、指示を与えたり、知恵を提供したり、ひらめきを活用するということで、あなたは極めて向いているものがあります。

今世あなたは人の相談相手になるために生まれてきました。カウンセリング的な事も向いていますが、形式的なカウンセリングというよりも、もっと相談に応じて、人にヒントや示唆を与えるということで役に立てそうです。

事実を課題としてだけ捉えずに、久しぶりに生まれ変わってきてみると状況が変化してまだ自分がわからず、調整がついていない、と見ていくことがポイントです。それから肯定的に自分を創り、新しい状況に応じられるようになれば、次第に日の目を見るようになります。

前世のときは時代状況からして、それなりに生きていられた人なのです。「今がこのようであるからには、前世でもあまり働けなかったり活躍できなかったに違いない」。そのようにだけ見るべきではありません。状況が変われば、自分の関わらせ方もそれに応じて変えていくべきでしょう。今の課題をクリアーし、今最善を尽くすことで将来への扉が初めて開かれてきます。それをいつでも、その時の状況をよく見て応じていけば、それが結果として霊界、さらには来世をより良いものとしていくことになるのです。

あまり案ぜずに、むしろ今は経験をできるだけ積むようにしたらいかがでしょう。すぐに天職に出会おうと考えずに、とりあえず身近な所で採用してくださったり、ご縁のある所で働きながら自分を見つめ、様子を見ていくことです。何もしないで考えていてもわからないものです。むしろ動きながら考えましょう。

今できる事からスタートするのです。そして行っているうちに、次第に自分がやりたい事、またできそうな事、自分の特徴などが行う中で見えてきます。そうすると、自分のやりたい事がその中で見つかります。そのようにしてだんだん、自分が本当にやりたい事、やるべき事、向いている事に近づいていきます。二十代はそのような期間に当ててみましょう。

あなたは包容力があり、受容性に富みます。素直で柔軟です。否定的に出ると優柔不断となりますが、肯定的に出ると、とても柔軟でしなやかに応じられる対応力を備える見込みがあります。

前世において純朴で、どんな事でも応じ、生活術や生活の知恵に長《た》けた、気さくな人でした。あなたは人柄も良いところがあります。学校や現在の日本の社会体制の中では、すぐにわかってもらえなかったり評価されなくてもめげないこと。もちろん、反省したり学ぶべき事はありますが、自分の可能性も見落とさないことです。

前世では農業の知恵に長けていたこともありました。また、生活技術の能力を持って、行い方で良いアイデアを提供していたこともありました。もし、教育の分野で仕事を探すならば、既存の堅い教育の中よりももっと、社会教育や人間教育や啓発などで、自分を見出すとよいかもしれません。あるいは自分が興味のある分野のコンサルタントになったり、アドバイザー的な役目で人に応じて、相談に乗ってあげることも向いています。

すぐ仕事に結びつかなくても、自分が興味があってやりたい事を探す勉強期間や調査期間に当てることを、両親にも許可していただきましょう。もちろん先ほど述べられたように、働きながら探せれば理想的です。いずれにせよ、まだわかる年齢ではないし、何もしないで考えていても埒《らち》が明きません。

すぐに勤め先が見つからなかったら、まずは自分が興味のある事やできそうな事を探すことに自分のエネルギーを向けること。そのような中で、今の自分でも採用してくれる所があったら、とりあえず働かせてもらってください。そして働きながらでも、同時併行でやれそうな事や自分がやりたい事を自分に問いかけ、また、人とも話をしながら探っていくことです。

あなたは、人生が何なのか、人はどのように生きるとよいのかを問いかけるのに向いています。慌てることはありません。あなたはいろんな考え方ができる強みがあります。迷い、検討し、考えていくプロセスを大切にするのです。

迷いやすいということは、定まらない、早くには決まらない、ということを意味します。その分、いろんなものを孕《はら》みながらさまざまな観点で見ていけるということなのです。いずれそれが自分の強みであることにも気づくようになることでしょう。

また、同じくらいの年代の人たちと交流を持つようにしてください。参考になることや得られるものがあります。また先輩の話も聞いてください。そして自分ひとりでも考えてみるのです。

人にはいろんな生き方があります。あなたは奉仕的、時には犠牲的な精神でもって事に当たるところがあります。ただ、具体的には何なのか、まだそれが見つからないということなのです。あきらめず、これからも調べていってください。

また、自分のことを思ってくれている人に、この自分がどう見えるか、どういう事に適していそうかを、試しに訊いてみるのも手です。人は必ずしもどんぴしゃりのことを言ってくるとは限りませんが、数多い中では的確で参考になることも言われるものです。自分だけで考えていると、自分のことがわからなくなることがあり、袋小路に陥ります。そのようなとき、外から客観的にイメージで自分がどう見えて、何ができそうかを訊くと、意外と図星の場合もあるのです。イメージというのは大事です。それは感覚を働かせることとも関連します。

自分の中の憧れのイメージは何でしょう。たとえば自分が小学校中学年のころ、セルフイメージとして、どんな職業に就いていたことを思い浮かべていたでしょう。自分に対してどんな職業に就いているのが、イメージとしてしっくりいくでしょう。

子ども時代の夢や憧れは、自分が想っている以上に当たっている場合が多いのです。そのとおりピッタリでなくても、セルフイメージの中に何か、将来の自分を予告するものが含まれている場合が多いことに気づいてください。最初は憧れでよいのです。漠然としていても、自分の理想を自分の中で感じてみてください。あとは現状と照らし合わせて、少しずつ理想と現状の溝を埋め、橋を架《か》けていけばよいのです。

「何をするべきか」という問いかけだけでなく、「何を自分はしたいのか、またすると良いのだろうか」。そのように問いかけると、思っていたよりもスッと近道で到達できます。また、あなたは人生経験が必要で、経験に負《お》うところがありそうです。今の悩みや迷いは将来生きてきます。

あなたは人をそのプロセスでわかるようになってきます。人生や人間について考える人になり、人間の心に興味を持ちます。また一方、自然環境や地球に関しても、深い示唆に富むものを提供していけそうです。広い意味で癒しの仕事が、あなたの天職となりそうです。自分を十分に羽ばたかせてあげてください。すぐに現実に結びつける必要はありません。理想はできるだけ気高《けだか》く大きいほどよいのです。

その一方で、現状はまっすぐに見つめ、正確に捉えることです。それから理想と現状を照らし合わせながら、時間をかけて少しずつ橋を渡していけばよいのです。あなたはまだ二十代前半です。理想と現状がすぐに一致する必要はないのです。早くにそれを実現させようとするあまり、理想を低めたり妥協するほうが残念です。

あなたに必要なのは、現状に戸惑うことではなく、少しずつ経験を積んで自分を創り上げていくこと。また、現代の社会状況を知ることです。一方では理想をそのまま大切に取っておきながら、溝が埋まるように時間をたっぷりかけてあげてください。

あなたは、生きる知恵や術に関して提供していく役目がありそうです。あなたは自分の中に、負い目や後ろめたさも感ずるところがあります。また、人の良さもあります。人から言われることも気にかけるようです。しかし人間には誰にでもそのようなところがあるので、それを自分でわかれば、本当に親身になってあげられることでしょう。

リーディングを終了します。

Q1 今回のリーディングにより自分自身を知ることで、どのような気づきや発見があり、あなた自身の内面（考え方・生き方など）にどのような影響がありましたか？

私は今まで自分の事を否定的に見てしまっていましたが、肯定的に見ていく事も大事だとわかり、前向きに物事を考えるようになりました。

自分自身、正直なかなか仕事に就けずやりたいこともなく、精神的に不安定になり焦っていました。

しかし、リーディングを受けさせて頂いて今できる事からスタートして、動きながら考えて少しずつ自分の中で考え整理していき、経験を積み自分を創り上げていきます。ありがとうございました。

Q2 今回のリーディングで、現在、課題と感じられている事の解決につながりましたか？

まずは今できる事から行動に移し行っているうちに自分がやりたい事、またできそうな事を自分の特徴などを考えていき、いろんな方と話をして少しずつ経験を積んで自分を創り上げて、自分はどのように対応していくと良いものかしっかり自分に問いかけて考えていきます。

◇リーディング②

年齢：39歳
性別：女性
2008年10月9日

ソースへの質問：私は、日々何かお役に立ちたいと思っているものの、自分勝手なところや思いやる心が足らず、信頼関係を築いていくことが苦手に感じています。今の私に前世からどのような影響があり、どんな目的を持って生まれ変わってきたのでしょうか。来世はさらに素晴らしい人生にしていきたいと思います。今世、果たすべきカルマと併せてお教えください。

ソース：あなたは前世において多くの場合、生活状況が厳しく困難な中で生きていました。生きるのが精一杯の状況下で、一生懸命何とか自分や家族が困らずに生きていけるようにと必死でした。

このようにあなたは前世の多くにおいて、生きるのが困難な厳しい状況下で一生懸命生きようと、ある意味で戦っていたのです。それともう一つは、前世において過酷な競争の中で生きるのを強いられる場合も多かったのです。

以上のように、あなたの前世の特徴は、生活するのが困難な中で、何とか自分と家族が生きていけるように必死で頑張っていたときと、競争が激しい中で何とか生き残ろうと取り組んでいたときとの二つが多かったのです。それが、現在のようなあなたの有《あ》り様《よう》を創り上げてきました。

人や自分を見る場合、「あの人はおっとりしている性格だ」とか「気性が激しい」だとか「短気だ」とか「頑固だ」とか「受容性に富む」とか、いろいろに言います。つまり、その人の性格や気質から、その人の今の態度や雰囲気や行動の仕方を説明しようとする場合が多いのです。これは、ある種のレッテル付けです。固定化して人を捉えようとする節《ふし》があります。

しかし一方、輪廻転生に立脚して人を捉える場合は、習慣性の生き物として見ていくのです。「短気な性格だから怒りっぽい」。あるいは「怒りっぽいから短気な性格だ」。そのように性格から人や自分を見るというよりも、経験の産物だと捉えるのです。それがカルマ論に立脚した人間観です。予《あらかじ》め、固定した性格があって、その性格に応じた雰囲気や態度や行動に出るというよりも、そのような性格自体が前世の経験の集積に基づくと捉えるのです。定まったその魂の性格や気質があるというよりも、流動的であり、今も新たな判断と経験と行動によって変わりつつある、だから成長も起きる。そのように見ていくのです。

何かあったとき、「性格がこうだから」というより、「このようにその人が今なっているのは、今世のこれまでも含めた、前世からのその人の然《しか》るべき経験や体験に基づくことだ」と捉えるのです。輪廻転生のプロセスで人を見ていくと、その人が本当によくわかるのです。

何か実体のある性格として見るよりも、むしろ行動論的に、あるいは経験論的に見ていくことです。心理的性格という実体はなく、むしろある刺激に一つの反応をする条件付けが多数できてその人が構成されているのと、ダイナミックに人を捉えるのです。

あなたの場合も、「こういう性格だから今こうである」という認識は、わかったようでわからない、また、ためにならない捉え方なのです。むしろ、自分は前世で苦労したことが多かったり、ポヤッとしていたら生きていけないような状況に置かれていたことが多かったから、今焦りがちで、周りの目も気にしながら、できたら対立は避け、しかし、何とか自分や家族が生き延びられるようにと必死で周りのことを配慮する余裕がないまま、「これではいけない」と思いつつ、ついつい自分の我《が》が出て焦っている。それが実状です。短気だったり焦る性格だから今のようになっているということではないのです。まずそれに気づいてください。

「あぁ、自分は短気でせっかちで衝動的な性格だからこうなってしまっている」というよりも、「前世で大変な中で何とか生きようと必死だったから、このような自分の有り様になったんだな」と理解してください。

カルマ論とは、条件付けに基づく行動理論なのです。人間は習慣性の生き物です。それは、体の行動パターンや生活習慣ばかりではありません。心の癖や考え方、感情の内容や動き方もまた、習慣性のものなのです。それらは今世ばかりでなく、前世の状況や経験に基づいて創られたのです。

あなたは生きるのに必死でした。そのため、どうしても周りを省《かえり》みられず、今は落ち着いていてもよい状況のはずなのに、前世から駆り立てるものが自分の心の中にあり、今でも焦っているのです。自分でも、「なぜこんなに焦ったり、不安があって駆り立てられているのだろう」と不思議に思うことがあるのではないでしょうか。

前世の危機的な状況は、既に終わってはいても、心の余韻《よいん》や印象が未だに続いていて、それが自分を駆り立て続けているのです。それは、物理学の慣性の法則に似ています。よく知られているのは、電車や車がある一定の速度で走っていてブレーキをかけても、しばらくは走り続けることです。

人間という生き物も、どこか慣性の法則で、未だに駆り立てられ、前世のときの余韻が自分を衝《つ》き動かし続けていることがあります。前世でそれが強く根深いとなおのこと、慣性の法則が働きやすくなります。つまり、新幹線がブレーキをかけたときは、在来線がブレーキをかけたときよりも余計に先まで走り続けるのと同じです。あなたはその分前世で頑張らざるを得なかったのです。あまり達成感が得られない終わり方も経験していたからです。

もう一つ、あなたが気づくべきことは、客観的に見て大変な中で生きていたというばかりでなく、「どうにかしないとダメになっちゃうし、取り残されてしまう」。そのように主観的に捉え、それがあなたを余計に駆り立てたということがあったのです。客観的に見てある程度大変な中で生きてきたということはありましたが、それに加えて自分の主観的な実感としても、「これはこのままではダメになってしまう。自分が何とか動いて対処しなければ」。あるいは「人に競《せ》り勝たなければ」と、そのように思ってしまったことが多かったのです。

同じ客観的な状況に置かれても、人によってそれの解釈の仕方が異なり、それに応じた対応をとって、それが習慣化して根付いていくということです。習慣性のものを是正し、バランス化を図ることがカルマを果たす上でも必要になってきます。カルマを果たすことは、責任を取って然るべき処置を講ずるということと共に、自分の心の理解や捉え方にも働きかけ、偏向性を正すということも行われる必要があるのです。そのためにはお祈りをしながら、物の道理や事の真相を自分に理解させるようにすることです。

たとえば、般若心経を唱えることで空《くう》の道理、物事の真理や法則が自分の奥深い意識に伝わり、「そうなんだ」と悟ります。そうすると安心して、自分の思いの囚われや衝動から解放されていきます。そのように、日々、無心になって般若心経を唱え、深層意識に直に働きかけることで物の道理が空であることに、自分の魂が気づきます。また、気づくばかりでは弱く、それが完全に自分の心の習慣にも到達し、「誠《まこと》にそうなんだ」と深く納得し、習慣自体が和らぐことも起きねばなりません。

そのために、何遍も般若心経を唱えたり、あるいは日頃から自分で自分に物の道理や事の真相をよくよくわかるよう、言って聞かせることも必要です。それは教えを学ぶということでも成されていきます。そうするとさすがに根強い自分の心の捉え方も、また落ち着きのなさや不安も次第に払拭《ふっしょく》し、「大丈夫、今ではもう大丈夫なんだ」と悟ってきて安心し、新しい落ち着いたパターンに取って代われば、それ以降はあまり自分に言い聞かせたり、意識したり努力せずとも、普通にしていても落ち着いて安心するような雰囲気や心の捉え方や実感になってきます。

前世で時間をかけて切迫した中で創られた習性です。ちょっと気づいただけで変わるものではありません。「ちょっと気づく」というのは、列車や車の軌道修正や方向転換をすることに対応します。それだけでは不十分です。ブレーキをかけ続けることが必要なのです。それが自分で自分に、何遍でも物の道理や真実を言って聞かせることに相当します。自分を改め成長するとは、育てなおすことなのです。そこには癒しも含まれます。

しかもそれを、実際の行動や対処をしながら行うことで、心のパターンと共に体の行動パターンも是正され、それが新しいあなたの傾向としてあなたを創り上げていくのです。それを今世生きている間にすることで、来世はもっと落ち着いて安心しながら生きられる自分になるし、そのような環境に生まれるようになります。それがスムーズにいけばいくほど、来世を待たずに、今世の後半から既に、そのような落ち着いて周りとも折り合い、周りを思いやれる余裕のある自分が実現してくるのです。

ある意味で今リーディングを受けて、このようなことを言われたというのは、これを聞き理解する時期が来たこと、また、このようなことを聞き、それを考慮して生きられるところにまで、ようやく到達したということでもあるのです。それが必要になってきたし、それを聞く態勢もできてきたということですので、まずは喜んでください。

何でも一つずつです。まずはそういうことだと安心し、落ち着いて見てください。そして落ち着いた感じを十分に味わうことです。そうすると消化され、ゆったりした態勢で、今の課題や現状に取り組んでいけるように変わってきます。

あなたは未消化で空回り状態が多く、十分に行うことで満たされない場合がほとんどなので、いつも焦っていたり新しい事に自分を向けないと満たされないのです。これから行う事の種類は最小限に留め、むしろ目の前の一つひとつに対して十分に対応し、味わい、消化してみてください。そうすると手ごたえや達成感が自分の中に残るので、殊更《ことさら》、自分を新しい事に向けていったり焦ったりせずとも済むようになります。あなたが落ち着くことで、あなたの家族や友人や、仕事で関わる人たちをも安心させたり落ち着かせてあげられるのです。

前世からあなたは、「放っておいたら自分や家族は生きられなくなってしまう、あるいは不利になってしまう」。そのように思い込んで必死でした。そこで本能的・衝動的に動いたり生きたりする習性が身に付きました。あなたは本能的な部分が大きいです。

また、前世から家族を守るために必死だったため、今でも家族のことがとても気になります。しかし、あなたがもう少し現状を正しく認識して、安心し、落ち着ければ、そこまで自分を駆り立てたり不安に陥る必要のないことがわかってくるのです。そしてもっと家族のことを感じられて、理解もできるようになります。確かに繋がっていると、確認できます。

人間関係はそのようになってくると、相互に共感があったり理解も生じて、コミュニケーションもかみ合うようになるのです。そうすると人間関係が良好になり、一つの事を未消化のまま終わらせることが減ってきます。そのように、一つひとつをしっかり踏み行っていけば、途中で終わってしまって新しい事に向かっていくということをせずに済むようになります。

あなたは、前世からの捉え方と生き方によってどこか焦っていて、必死なのです。不安で駆り立てられています。もはやそれが必要のないこと、実は前世のときもそれほど必要ではなかったことを、自分の意識に今からでもわからせてあげてください。潜在意識に根強く、そのような不安や焦りが残っているため、夜、夢の中で焦ったり心配で急いでいる夢を繰り返し見るのです。

あなたは潜在意識もよく動き、勘も働くほうです。ただあなたの勘の働き方は、主観的になりやすいし、また感情や本能と結びついて動きやすいです。あなたは人を思っていないのではありません。ただ、放っておいたりぼやっとしていたら、不利になったり生きられなくなってしまうという焦りから、余裕がなくなってそれがために、人のことまで配慮したり思いやるということができにくくしてしまっているだけです。むしろあなたは愛に溢《あふ》れ、母性本能も強いのです。「もう焦りは必要ないんだ」と自分に教えてあげてください。

前世は日本で生きていたことが多く、特に飛鳥時代の日本で働き者で頑張りやでした。「周りからの評価や是認がないと自分はやっていけないし、是非認めてもらいたい」という思いが強かったです。その分よく働きましたし、周りのためにもなろうとしていました。

今世でもなかなかの頑張りやさんです。既に周りのために十分なっていますし、家族からも愛されていることを知ってください。そうするともっと落ち着いて、余裕のある中で感謝と喜びと安らぎが湧いてくることでしょう。そのように、一つずつ味わい、こなし、それから先に進んでいきましょう。


リーディングを終了します。

Q1　今回のリーディングにより自分自身を知ることで、どのような気づきや発見があり、あなた自身の内面（考え方・生き方など）にどのような影響がありましたか？

いつも心の奥底にあった不安・焦りなど詰まっていたものが、すっと溶けだしたような想いです。そうだったんだという想い。「負けたくない」のではなく、「負けてはいけない」という想いがとても強かったのはなぜかというのもとても納得させていただきました。

今はただ現在に感謝をさせていただき、前世と今世の自分を受け止め、安心してもいいんだと感じました。もう競り合う必要がないんだと感じました。

これまで、私はすべてにおいて「味わう」ということをせずにきたように思います。また、家族を始め、関わる人々に対しても、私が常に不安と焦りの中で生きていたがために相手の真の姿、心を理解できずにいたこともよくわからせていただきました。

本当に今回リーディングを受けさせていただき、心が休まっている気がしています。

Q2　今回のリーディングで、現在、課題と感じられている事の解決につながりましたか？

はい。本当に感謝しています。前世からの自分の癖である表面的・感情的な部分にとらわれず、自分をも含め、関わるすべての人々・ものごとの真の姿・心・意味を感じ取っていきたいと思っています。仕事においてもじっくりと落ち着いて取り組もうと思います。とにかくひとつひとつ落ち着きを持ってゆったりと与えられた人生を味わいながら、さまざまな苦難を乗り越え、日々祈り、自身に真の道理を働きかけていきます。

これからは私ひとりががんばるのではなく、家族と共に手を取り合い、周りの人たちと分かち合いそれぞれを大切にし合いながら生かさせていただきたいと思います。

そしてこの機会を与えてくださったこと、今日この日まで、ここまでこさせていただいたすべての方々、そして神様に深く感謝いたします。本当にありがとうございました。

◇リーディング③

年齢：61歳
性別：男性
2008年10月9日

ソースへの質問：私も六十一歳になり、晩年期に入ってまいりました。仕事仕事で自分の時間もなく、家族ともあまり関わってやらなかった気がします。老後は夢のある人生を過ごしたいと思っています。これからの時間はある意味、来世の準備期間でもあります。今後、どのように生きていったらよろしいでしょうか、お教えください。

ソース：世の中には、仕事が嫌いで、できたら働きたくない人たちがいます。また、仕事がうまくいっていない人たちがいます。その一方で、仕事が好きで、仕事が張り合いになっており、仕事で実績を上げながら仕事を楽しんですらいる人たちがいます。仕事がほぼうまくいって、仕事が生き甲斐《がい》になっている人たちです。

仕事が趣味であり、楽しみでさえある。そのことは大いに結構なことではあります。しかし、人生において仕事がすべてではありません。仕事が楽しみで、うまくいっているのに越したことはないのですが、だからといって仕事一途《いちず》で仕事だけの人生では、一人の人間として何か大切なものが欠けているようにも見えるのです。

もちろん、ある人のある人生においては仕事一途で頑張らないといけないこともあります。そのような人生も、数ある生まれ変わりの中ではあるのです。ただ、全般的に見ると、人間となって生まれて来て一生を過ごしていく場合、仕事と共にもう一方では遊びも大切なのです。

実は、仕事と同じくらい遊びは欠かせないし、重要であることを知らねばなりません。仕事の合間に遊んだり楽しむ。一般にはそのように見られています。仕事は確かに重要ですし、きちんと行わねばなりませんが、遊びもまた、仕事と比べられないくらい意義があるのです。

人はなぜ生まれ変わってくるのでしょうか。目的は二つあります。一つは前世で創ったカルマを果たし、その中で学んで成長を遂げ、周りのお役に立つことです。これは主に仕事を通して成されていきます。生まれて来た目的のもう一つは、恩寵《おんちょう》としてです。神様から人生を送る機会を与えられ、「ひとつ、楽しんできなさいよ」と、ちょうど旅行に行かせていただけるような感じで、人となって生まれて来る面があるのです。それゆえ、前者の、カルマを果たし、必要な教訓を学び取り、社会に役立って世の中を良くする、そのような修行的な面ばかりで見ると、人生はつまらないものや堅苦《かたくる》しいものになってしまいます。

見落としてならないのは、人生は神からの愛の贈り物であり、「ひとつ、楽しんできなさいよ」ということで、送り出されたことがあるのです。それゆえ、カルマを果たし、必要な学びを得て自分を活かして社会に役立っていく。それがほぼうまくできたから、その人生は神様から認められ喜ばれている、と簡単に捉えないほうがよいのです。どれだけ楽しんだり、お互いに愛を分かち合えたか、人生を生きることに感謝し、喜びが味わえたかどうか、それも重要なポイントになってきます。

あなたには後者の、人生の恵みの面や、喜んだり楽しんだりする、自由で朗《ほが》らかで生き生きした面が、少しこれまでは足りなかったようです。仕事を一生懸命きちんきちんと果たしてきたことは立派だし、十分評価されるべきなのですが、もう一方の、人生を楽しみ、喜び、神様や人々や自然に感謝できるような、朗らかでゆったりして自由な心をも、生まれて来たからには味わっていただきたいのです。

あなたも、そのことに次第に気づいてきて、「仕事が一段落したなら、夢のある人生を晩年期は是非送りたいものだ」と思うようになってきているのです。それに対して、「それは正しいし、是非そうしてくださいよ」という励ましとして、また確認として、まずこのように述べられたのです。

勉強や仕事だけが人生のすべてではありません。世の中には、勉強がよくできたり、罪はほとんど犯さず、立派な人、あるいはきちんとした人たちがいます。しかし、どこか堅物で、つまらない人間になっていたりもします。それは、いいようでいてそうでもありません。もう一方の大切な側面に気づいていないからです。朗らかさやユーモア、あるいは人間としての魅力、そういった側面も実は大事なのです。あなたもそれに気づき始めていて、「人生の後半期は是非その部分も開拓したり、体験したいな」と思っているのです。

仕事がきちんとそつなくできて、周りに迷惑をかけない、それは当然のことです。しかしもう一方、見落としてならないのは、遊び方です。遊びなら何でもいいと思っている人たちがいますが、実は仕事と同じくらい重要なのです。遊び方の上手《じょうず》、下手《へた》に、その人の人間性やその程度が表れてしまうからです。

仕事はきちんとできて有能で実績を上げている人でも、遊び方が下手で、遊びを通して迷惑をかける人や罪を犯す人がいることを見落とさないでください。遊びなら何でも羽目《はめ》を外《はず》していいということではないのです。遊び方も、人生でマスターするべき大切な側面です。

勉強ができたり仕事もできる、それだけで人間として合格ということではありません。そのような人に時間を与えると、ろくな事をしなかったりします。急に人間性が落ちて、羽目を外して人に迷惑をかけたり心配をかける。それは遊び方を身に付けていない証拠です。そういう人はもっと、遊び方を学ばなければなりません。しかしそこでまた堅苦しくなると、遊びの良さが損なわれてしまいます。

本当に人間ができてきた人とは、仕事ができると共に、遊び方も上手で人をも楽しませ、自分をも貶《おとし》めず、周りに喜びや癒しや慰めをもたらせる達人なのです。

リラックスして自分の本性を出したり自由に振舞っても、罪を犯さない、それが人間としての本当の姿です。ともすると、仕事のときは自制していて、きちんとそつなくこなせるけれども、遊びとなるとそれから解放されたことで急に品格を落とし、自分の地が出て、周りを当惑させたり心配をかける人たちがいます。そのような人たちはもっと遊びの真義を知らねばなりません。

遊びも上手にできる人が、成長している人です。そういう人たちは、人を楽しませることや、ユーモアも持っています。ユーモアでも、人や自分を損ねるものと、人や自分を和らげるものとがあるのです。前者は慎むべきであり、後者は奨励されるべきものです。

つまらない人間にならないように。むしろ魅力ある人間になること。それが神の子の証《あかし》です。あなたもそれに留意して、これから取り組んでみてください。

生まれて来て学ぶ場は、大きく二つに分けられます。一つは職場、もう一つは家庭です。あなたは職場で頑張ってきました。あなたの場合は、具体的にはホテルが自分の職場になっています。一生懸命行ってきていますから、職場ではほぼ良好なのでしょう。役にも立っています。

しかしあなた自身が、自分を自覚し反省しているように、家庭がおろそかになっています。

実は、職場と家庭とは同じくらい大事なのです。人には誰にでも傾向と弱点があり、職場でうまくいって人受けする人と、家庭でうまくいっていていて家族から愛され、家庭が安らぎと憩いの場になっている人とに二大別できます。もちろん両方うまくいっている人もいるし、両方とも今一つの人もいます。それでもある程度、どちらかに分類分けはできそうです。

仕事一途で職業を大事にしている人を金剛人間《こんごうにんげん》、家庭に価値と意義を見出し、家庭を大事にしようとしている人を胎蔵人間《たいぞう》と呼びましょう。重要なことは、自分がどちらのタイプであるかを認識し、自分の良い部分はますます伸ばしていくと共に、自分の弱点となる側を、これから大切にしたりうまく関わるように意識して努力していくことです。

あなたの場合は、典型的な仕事人間ですので、金剛人間です。自分の中の胎蔵界の部分をもっと開拓し、家庭に価値を見出してください。そしてもっと自分の時間や労力を、家族のために充《あ》ててください。おそらく、家庭が気になりながらもなおざりになってきているので、家族との相互理解やコミュニケーションや家族とのより良い人間関係は、まだ不十分なままでしょう。

先ほど、「仕事ばかりでなく遊びも同じくらい重要ですよ」と述べられました。それと似たように、職場で頑張り、社会貢献したり職場受けするばかりでなく、家庭で家族受けし、家族のためによく理解し、ケアーし、家族とのより良い関係がとられていないと、人間として何かが欠けているかアンバランスなのです。

職場と家庭は同じくらい大事です。それゆえ、これからのあなたのテーマとして、来世に繋《つな》げるためにも是非今世のこれからにおいて、家庭に重点を置いて取り組んでみてください。おそらく胎蔵界の面はあなたの中でまだ不十分で、十分に習得したり行ったりしていないままでしょう。そのようなままで他界すると、来世出て来たときに、家庭で寂しい思いをしたり、家族関係で満たされなかったり、家庭に問題があったりする、そのような環境に生まれていくことになるのです。

一方、家庭人間すぎて、社会での人間関係や働きが不十分な人は、もっと自分を少しずつでも社会に適合させ、働いたり自分を活かして、社会や自然の役に立っていくように努めるべきでしょう。

仕事では成功していても、家庭の中がめちゃくちゃだったり家族関係が不和の人がいます。それは人間としてはアンバランスで、胎蔵界の部分がまだ未修得だったり、カルマが残っている証拠です。家庭的な側面が十分成されていて、それでいて社会での人受けも良く、実績を上げていれば申し分ありません。

家庭での安らぎや、共にくつろいで和らぐ。家庭を天国のような場に設《しつら》えること。それを妻だけに任せず、夫婦で共に取り組んでみてください。夫婦や親子になっても、まだ十分に夫婦や親子関係を体験したり、成すべき事をしていない、また理解もしていないとしたなら、これからそれに重点を置いて、焦らず、和らぎながら取り組んでみてください。仕事への取り組みと家庭への取り組みは質が異なりますので、それに留意して行ってみてください。

また、あなたは仕事を一生懸命してきているけれども、仕事仕事で「はたしてこれでよいのだろうか」という反省があります。仕事を一生懸命すること自体は良いことなのですが、もし人間としての自力に落ちてしまうと、霊的な面が希薄《きはく》になってしまいます。

物理的な動きとしては、一生懸命仕事をしたほうがよいのですが、神との関わりで、自分の務めを無心になって果たし、そしてそれによって出てきた結果は神様が下さったものとして、ありがたく受け止めさせていただくという捉え方が必要です。

自分で知恵を働かせ、周りを配慮し、成すべき務めを超作で精一杯果たすこと。そして、それによって出てきた結果は神に委ねるのです。つまり、自分が行って出てきた結果は自業自得で、自分が創り出した結果に違いはありませんが、同時に神様が下さった最善の結果であるとも見るのです。それによって神との関わりで、協同創造が成されたと思えてきます。

自分だけで頑張らないで、神様との関わりの下、神との協同創造で結果が与えられたと見なせば、あなたは霊的になります。「霊的になる」とは、非現実的になることではありません。むしろ、真に霊的になるとは、実際的に生きることなのです。しかし、実際的に生きるとは、神様を無視して自分が人間として頑張ることだけではありません。また一方では、ほかの人との関わりで人間同士の協同創造も成されます。

このように、縦の関係では神との協同創造が、横の関係では人々との協同創造が成されます。そうであるからこそ望ましい結果が出たときに、神様のお蔭《かげ》、また、周りの方々のお蔭というように捉えられて、素直で謙虚でいられるのです。そのように、自分だけで頑張らない、自分だけで責任を負おうとせずに、神様と、また人々と一緒に行うという姿勢が必要です。

あなたは前世から一人で頑張ってきて、「自分がしないとどうにもならない」と捉えすぎてきています。それでも少しずつ、目に見えないところとの繋がりや、また多くの方々のお蔭で成されてもいるということに気づいてきました。また、自分でいい意味で加減しながら行えるようにもなってきたので、健康でもいられるのです。

これからも体や心を管理し、大切にしていってください。大切にし、良い目的のために適度に使えば、そのことから恩恵が得られます。たとえば体を本当の意味で大切にし、活用し、体と良い関係を結んでいると、体の健康に恵まれるのです。人を理解し配慮し、人を活かしてあげたり、人と良い関係を結ぶと、人で困らず、人に恵まれます。お金を理解し、お金と良い関係を結び、お金を活かす人は、お金で恵まれ、お金で困ることはありません。今持てる才能や知識やアイデアや特権を正しく理解し、人々や自然のために活用すれば、来世ではさらにそれらが豊かな人になり、それらを活かす機会も与えられます。

これが因果応報の法則です。それゆえ、来世に向けて、どんな事とも良い関係を結び、対象を活かすように心がけてください。それがお金でも物でも食べ物でも、自分の体でも心でも、才能でも、家族の繋がりでも、正しく理解し、育て、活かしていくこと。それによってあなたの来世は保障されます。

来世は自分の心がけと行いで自ら保障するものなのです。しかもそれは神様からのお恵みでもあります。

以上のことに留意して取り組めば、あなたはこれからの人生ばかりでなく来世も素晴らしいものとなることでしょう。

リーディングを終了します。

Q1　今回のリーディングにより自分自身を知ることで、どのような気づきや発見があり、あなた自身の内面（考え方・生き方など）にどのような影響がありましたか？

仕事と遊びとの関係、職場と家庭との関係、その事の意味が今回のリーディングでハッキリとわかりました。

これからは、自分の欠けていた部分の家庭にも重点を置いて仕事の良い部分はこれからも伸ばしていきます。

仕事一途している人→金剛人間、家庭をしている人→胎蔵人間、この事の良い所を大事にして、バランス良くこれからの人生前を見て神様もいつも上から見ておられる事を忘れずに頑張っていきます。本当にありがとうございました。

Q2　今回のリーディングで、現在、課題と感じられている事の解決につながりましたか？

自分の行ってきた結果は自業自得。自分自身の仕事一途があまりにも自分の中で強すぎた事です。自分から成すべき務めを精一杯果たすことが、これからの仕事に家庭に、この世に生まれた自分の務めとしていけると思います。

◇リーディング④

年齢：39歳
性別：女性
2008年10月9日

ソースへの質問：夫、子どもと共に不安定な時期を越え、家庭を育む中多くの学びがありました。もう一度、経済力を伴う仕事に就くことを家族から望まれ、自分自身も望んでいます。家族とは前世からどのような関わりがあり、今世家族として出会い、今のような家庭を築いているのでしょう。来世も家族として出会うのか、もしわかりましたらお教えください。

ソース：あなたはこれまでの生まれ変わりの大半を、アジアで過ごしています。特にこの二千年ほどは、日本の国の中で生まれ変わっています。たとえば、江戸時代の日本、鎌倉時代前半期の日本、古代の日本などです。

細かく見れば、この二千年の中でそれ以外の日本の前世も過ごしてはいました。しかし、主だった前世は、今列挙した三つです。今回も含めれば四つになります。今世もいずれ、前世の一つになるからです。

日本で生まれ変わるようになる以前は、インドと中国に生きていたことが多かったのです。もっと遡《さかのぼ》ると、モンゴルから中央アジアにかけての地域でした。さらに遡るとレムリア大陸からです。細かく見れば、アジア以外での前世も過ごしていますが、主だった前世はアジアのものです。インドの影響が比較的大きい人です。しかし直接今と繋がるのは、日本の三つ、四つの前世です。

最近の前世としては、江戸時代のものがありました。そのとき、今家族である人たちが家族としてありました。ほとんど同じ家族構成でした。あなたはあまり認められておらず、自分の居場所を見出すことが難しい状況でした。落ち着くゆとりもなく、周りから求められ、また命ぜられるままに対応し、事に当たっていました。

少々不満や不安もありましたが、自分を突き詰めるゆとりはなく、「こういうものだ」と捉えて奔走《ほんそう》し、周りにその都度対応して生きていました。自分を知るとか、自分の思いを伝えるとか、自己実現を図るとか、そのようなことは考えられませんでした。どれだけスピーディに的確に、周りから求められる事に応じ、全体の流れに支障を来たさないようにするか、それだけが問われていました。それゆえ、自分がどうであるとか、自分はどうしたいとか、どのようになると良いかなどといったことは考えられなかったのです。いわば、受身的に生きており、周りに対応するのでいっぱいいっぱいでした。自分を見失っている状態でした。自分はまるで周りの道具のような状態でした。

そのような前世を過ごして、その延長線で今世が始まりました。そのため、ほとんど同じ家族構成で、周りの状況や自分の状態や思いも当時とさして変わらぬまま今日に至っているのです。それでも少しずつ前世よりも前進し、周りの事をこなすことで次第に自由意志を自覚し、それを前向きに行使し、建設的に生きて自分を実感したい、そのように思えてきました。また、周りからもそれを促されるような具合になってきているのが現状です。

江戸時代の前世においても、今世と同じ人が夫でした。そして彼は現在と同様に、人々に教えていました。子どもばかりでなく大人に対しても教えていました。寺子屋を持っていたのです。そこで教えていました。あなたは忙しく立ち働き、家族に対し、また夫の仕事に対し、さらに父親の仕事に対し、求められるままに応じて奔走していました。そのような関係と図式が出来上がってしまっていたので、今でもそれに組み込まれ、なかなか変われずにその形態や関係が続いているのです。

江戸時代でしたので、男尊女卑もあり、あなたは自分の気持ちや意向を言えませんでした。ただ受身的に状況を「こういうものだ」と捉え、それに合わせて生きていたのです。現状を前提として考えたり応ずるという構えでした。それが今でもあなたの中にあり、また家族や身内からもそのことを期待されているのです。

ただ、これからはあなた自身が思ったり感じたり、願っているように、少しずつ自分の主体性が出てきて、自由意志も考慮され、建設的に動いて自分を実感しながら創造的な仕事の喜びを味わっていくことが徐々に起きて来るようになります。そのときに自分がどう思い、どう感じているかを通して自分自身に出会うことにもなります。

前世のときのあなたは、責任を取っているようでいて、自分個人としては責任を取らずに済みました。自分の父親や夫が代わって責任を取ってくれていたのです。今世では自分で決意し、自分の判断で行うと共に、それによって出てくる結果も自分で負うことになっていきそうです。

それだけやり甲斐があると同時に、プレッシャーも感じます。そのときに夫や父親の大変さや苦労も知ることでしょう。同時に、自分の潜在能力も感じられ、あなたは自分を初めて実感することができます。そしてあなたがたとえ身内に関わるお手伝いの仕事が多い場合でも、ある程度自立し、一人前と見なされるようになってきます。今世のうちにそれがどこまでいくかに応じて、来世で縁のある魂たちとの関係性がどうなるかが変わってきます。

つまり、縁自体は来世以降も続いていくのですが、その関係性は現在行う事に応じて変わるということです。関係性は今する事によって変わるけれども、互いの繋がり自体は保たれるのです。それゆえ、これからあなたがどう捉え、どう動いていくかによって来世での身内との関係性は、それに応じたものになっていくでしょう。

身内としての関わりは続いていくはずです。あなたが今世で関係性を損ねたり破らずに、より良い形で発展させていけば、前世や今世の前半期よりももっと、主体的で自分を十分に活かせるような立場や状況を、来世では与えられることになります。しかしもし、今世でのこれからの自分の捉え方や行動の取り方が受身的で、決断も結果に対しても進んで責任を負うことをしなければ、今世の前半期はもちろん、前世の江戸時代のときのような主従関係、あるいは受身的な関係から脱却できず、来世にも似たような、主体性を持ちにくい、しかし結果にも責任を負わなくて済むような関係として組み込まれるようになることでしょう。

あなた方、縁のある魂たちは、この二千年ほどは日本で定期的にグループとして生まれ変わってきています。そのようなパターンが根付いていて、日本の霊界と日本の国土との間を行き来している魂たちなので、すぐ後の来世も、日本になる可能性が高いのです。時期は今から二百五十年後辺りになりそうです。二百年から二百五十年後に、再び日本に生まれ変わってきそうです。

もし、今の土地でするべき事を十分にしなければ、また同じ辺りの土地に出てきそうです。また、今の土地に愛着があり、今の土地を受け入れ、大切にしていてもやはり、今の辺りとのご縁で日本に出てきそうです。

あなたは表面的に身内に従っているだけなのでしょうか。もし形だけ便宜上《べんぎじょう》従っていて、心ではどこか納得のできないものを持っていたり、許せないものを抱いているとしたならば、そのような心の次元のカルマが種となって、来世にそのカルマが顕《あらわ》れ出て向き合い、それを処理し、解消するような出来事が起きて来るようになります。しかしもし、現在において形ばかりでなく、心から身内の人たちを理解し受け入れ、配慮し、そして自分でも納得して自分を活かそうと仕向けていけば、特にカルマは創られず、起きる事で古いカルマも精算されていき、来世には理想的で穏やかな家族関係を持つ者同士として、周りのお手本的な家族が実現することでしょう。

あなたは今その岐路に立っています。その岐路に立っているところでリーディングを受けたり、教えに耳を傾け、それを指針に祈りながら神仏のお力とお導きのもと、目の前の事に超作で取り組んでいけばあなたは最善の結果を得ることとなります。その限りない積み重ねが、最良の来世を迎えることになるのです。

あなた自身書いているように、自分探しの旅とは、今を精一杯生きることに尽きます。今の中に過去も未来も含まれているからです。過去を精算し、過去を活かしながら来世をより良いものに創造していく。それはすべてこの瞬間にかかっています。

過去・現在・未来と、時間が単調に左から右に流れていくのではありません。少なくとも意識の時間としては、現在の中に過去も未来も同時に含まれていて、現在の一点にすべてがかかってきています。可能性のあるのは、今ここにおける自分の自由意志の用い方です。そこに教えを参考にしながら、祈りつつ取り組むことで、〝今、ここ〟というあり方を、最大限に活かして過去を精算し、活かしながら未来を最大限良きものにしていくことが実現してきます。

ある程度、物理的には制約があることでしょう。父親や夫の仕事を手伝うことなど、そのような制約はあることでしょう。しかし、それにも理由と意味があるのです。また、子どもも次第に自立する年齢に差し掛かってきています。これからも家庭を大切にしながら、あなたは自分が思うように社会性を身に付け、経済力を付けていくことです。そうすると、いい意味で夫と対等にわたり合えるようになります。それは、前世でのあなた方二人の間にはなかった関わりです。

夫と妻とが対等に関わるというのは、張り合うことではありません。むしろ、それぞれの特質と立場と役目を認識し、了承し合って大切にし合い、活かし合う関わりをダイナミックに取ることなのです。もともと男性と女性とは次元が異なるので比べられないのです。

あなたは外で働くようになりますが、一生懸命自分が認められるように働くというよりも、安心し、自分の特性が自然に表れ出て活かされ、周りのためになるように自分らしく振舞ってみてはいかがでしょうか。そうすると、父親や夫も安心し、またあなたの魅力や良さを再認識してあなたをとても愛し、再評価してくることでしょう。

身内は既にこちらのことを全部知っている、ということでもないのです。意外と身内のことはわかっていなかったりします。「なぜ自分はこのように扱われたり捉えられるのだろう」。それは、相手に問題があるばかりでなく、自分が自分を発見し、自分を活かす行動を取っていないことにも因るのです。その意味で、自分が体験していく事や受ける事には、自分にも責任があります。それゆえあなたは自分らしく、これから社会で自分を表現し、働いてみることです。それが自ずと父親や夫に自分を認識させ、互いの関係性をより良い方向に変えていくことになります。

あなたが望んでいる家庭とは、お互いに特質を知って相手のことを理解し、互いに損ねることなく配慮して関わり、活かし合い育て合い、全体が生き生きした発展的な形態のことです。夫は夫の課題やカルマ、また良さや役目を背負って日々取り組んでいます。しかし「夫はこのような人である」と捉えすぎないことです。また、夫も妻のあなたのことを「こういう女性だ」と捉えすぎないことです。同時に、各自が自分を上手に出していくことで、相手からの定義付けをも修正していく助けとなります。相手を「こういう人間である」と捉えすぎると、その人を限定するばかりでなく自分もその枠にはまってしまいます。

行動を起こすチャンスです。身内から促されています。それは、行動に移す時期が来たということを表しています。これを機に、見直しを図り、上手に行動に移してみてください。

リーディングを終了します。

Q1 今回のリーディングにより自分自身を知ることで、どのような気づきや発見があり、あなた自身の内面（考え方・生き方など）にどのような影響がありましたか？

周りの要求に応じていく、周りに対応する生き方を、自分の生き方として理解し納得しているつもりでした。けれども、「受身的」さらに「周りの道具のような状態」とそのものを言われ、実はとてもほっとしているのです。逃げ続けていたのに捕まってほっとしている心境です。もう追いかけられることはないのですね。私は今、このリーディングがそのものを表していると受け止めています。

お手伝いも、対応し動き回ることもとても楽しく、充実しています。その反面、自分のことを諦めたり、心を切り替えている事が続くと、時々、気持ちが深く沈み込んでいくことがあります。私は神意に基づいて使っていただくことと、「周りの道具のような状態」の区別がついていないのだと思いました。

私自身には社会的地位、経歴、技能、資格はなく、手に入るものの全ては夫と父のものです。そして、私の今の生活環境に不足はないのです。それでも、外に出て自分自身を実感したいのだと気付きました。

また、ただ受身的だったという前世で培ったものこそが私の一番の特性であり、資源だということを感じています。何もない私が社会に出ることは無謀で、無駄のように思えましたが、手ぶらで歩き出すわけではないのだと思いました。

Q2　今回のリーディングで、現在、課題と感じられている事の解決につながりましたか？

自分自身に社会性に欠くこと、経済力がないことを課題として挙げていましたが、社会性があっても、経済力があっても、私の課題は消えないと思いました。あれがない、これが出来ないという問題は課題を映した水鏡のようでした。そこに実体はなく真実はもっと奥にあったと思います。私の心の奥底に「自分自身を実感したい」という思いが常に響いていたようです。

このリーディングによって本当の課題に気付くことができました。課題に気付くことの難しさを知ると、課題に取り組むことの容易さを感じます。

周りに感謝しながら、これから歩き出せることがとても嬉しいです。

ありがとうございました。

◇リーディング⑤

年齢：79歳
性別：男性
2008年10月9日

ソースへの質問：四年前に妻がパーキンソン病と診断され、現在まで妻の介護をしてまいりました。そして私自身も一年前にパーキンソン病と診断され、医師からは妻の介護は無理だと言われ、三人の娘が介護に加わってくれておりますが、限界も感じております。

前世からどのような縁で夫婦となったのか。私は七十九歳、妻も七十八歳となり、霊界、来世というのが、そう遠くない年齢となってきました。なぜ夫婦でパーキンソン病になったのでしょうか。残された時間をカルマ解消に努め、来世は素晴らしき良きものにしたいと思っております。

ソース：同様の体質で年代も近いので、妻に続いて夫のあなたも同じパーキンソン病になったのですが、霊的には同じ思いを分かち合うためにその事が起きたということです。

世間では、二人の人間が互いに理解し協力し合って共に歩むことを、二人三脚と表現します。もし、二人三脚で夫婦が進んでいけば、ついには一心同体となるのです。物理的には人間は肉体を持っていますので、二人はどんなに理解し仲良くなっても、ひとつにはなれません。物と物とは、どんなに近づけてもやはり別々です。しかし、精神的、霊的にはひとつになることができるのです。それが心の可能性と素晴らしさです。実際、霊界の状況を見てみると、この世の人間同士とは異なり、本当にわかり合い、交流し、相手を思って相手のために尽くしていると、二体の霊がひとつになってしまうことが起きているのです。

もともと人間も、両性具有体であり、途中から二つに分かれて、それぞれ男性と女性となって生まれ変わるようになりました。それは、聖書の創世記のアダム物語にも記述されています。愛はひとつにしてしまう力があるのです。霊体同士はひとつになることが可能です。それがわかれば、霊的には神様に献身し、神様を思い、神様のご性質と働きに自分が近づくほどに、神様ともひとつになることが人間には可能であることがわかってきます。それが神人合一《しんじんごういつ》です。どんな宗教でも最終目標と理想は、神様とひとつに結ばれることなのです。

まずは縁のあるパートナーとお互いにわかり合い、労《いたわ》り合い、支え合って、相手を純粋に思って関わっているうちに、肉体的には別々だけれども、内面的には次第に融合してくるのです。それが、しかも一つの人生だけでなく、生まれ変わるごとに為されていくと次第に進展し、特に夫婦の関わりで一体化してくることが起きます。それがソウルメイトです。あなた方夫婦にもそれが起きています。

そうすると、そのことをほのめかすような徴《しるし》が現実にも起きて来るものです。あなた方の場合でしたら、妻がパーキンソン病に罹《かか》り、妻の介護をしてあげているうちに夫である自分も同じパーキンソン病に罹るといったことも、その表れの一つです。

物理的、肉体的に親子で遺伝したり、あるいは物理的に病気が感染したりということが一般に起きています。しかし人間は肉体だけの存在だけでなく、心や霊もあります。そのため、心の次元や霊の次元でも、いわば感染したり遺伝するようなことが法則として起きているのです。しかし一般に心や霊の次元では、感染とか遺伝という言い方はしません。それは教育的な感化力であるとか、精神的な影響であるとか、要するに教育や霊的な指導などで伝播《でんぱ》していくものなのです。

中国の諺《ことわざ》では、「朱《しゅ》に交《まじ》われば赤くなる」などと言います。「孟母三遷《もうぼさんせん》」という諺もあり、あの孟子の母は、息子のために環境の大切さを知って三回引っ越したということもあるのです。

やはり、人間には心もあるので、精神的な影響の及ぼす力は見過ごせません。マイナスの影響の代わりにプラスの影響を及ぼせば、相互の影響がよく働きます。結局ブッダが悟られた縁起の法、つまり空にしても、互いに関わりがあって影響を及ぼし合う、だからそれを理解し配慮して生きていかねば、人間は成り立ちにくいことを示しているのです。

その基本は、夫婦です。夫婦の関わりの中で最も多くの学びがやって来ます。親子の場合は、肉体的にも血筋で繋がっているので、愛を体感でき、特に親から子に対しては、ほぼ無条件に愛を注げます。それは動物的な本能にも根差すものです。なぜなら、親が子を十分に守って見てあげて、時には自分を犠牲にしてまで子どものために尽くすものがなければ、その生物は絶えてしまうからです。今日《こんにち》まで、人類が続いてきている一番の理由は、親が子を思う、本能的な愛があるからなのです。

しかし夫婦の場合は、元が他人であり、対等です。それだけに学びがあり、一旦夫婦の中で愛が達成されれば、素晴らしいものとなります。夫婦とはもともと他人ですので、一旦夫婦の中でそれが達成されれば、どんな人に対しても理解し配慮し、愛を及ぼせるような可能性が出てくるのです。その意味で夫婦の関わりはユニークであり、取り組むに値《あたい》します。

あなた方夫婦は年も同じくらいですし、心も通い合っています。お互いに意地を張り合ったり素直になれないときはあっても、根本《こんぽん》のところでは相手を思っています。ただ、恥ずかしかったり自分のプライドや意地が妨げになることが、一部起きているだけです。

今の日本では平均寿命が延びました。医学の進歩と生活の快適さや便利さや豊かさや安全性によって、寿命が延びたのです。しかし、平均寿命が延びたとはいえ、夫婦そろって八十近くまで、ともかくも生きられているということは、どんなにかありがたいことでしょう。生きていていろいろある中で、結局は生き延びてこられたのですから。

たとえば事故やアクシデント、あるいは病気など、今の世の中でもいくらでも危険はありますす。しかしそういったものを、ともかくも免《まぬか》れて、夫婦そろって八十近くまで生きられたことは奇跡であり、まずはそのことを神に感謝しましょう。

夫婦の縁が深いので、共々に生きられたし、また一心同体のように、内面的になってきたので、いわば病気がうつったように、あなたにも同じ病状が出て来たのです。病気がうつったといっても、この場合悪い意味ではなく、妻を思う気持ちが、妻のものを請け負うことで共感が生じ、気持ちが通い合う事が起きてきているのです。本当に一心同体になると、喜びもつらさも両方とも分かち合うような事が自ずと起きてきます。

人生を生きていて身辺に起きる事、そして体験させられる事は偶然ではなく、神が介在され、象徴的な形で起きることを知ってください。自業自得の原理が働いているため、本人が意図して行ったとおりの結果がいずれ出て来ます。それが自業自得です。カルマの法則です。

しかし、見落とせないのは神がその因果の間に介在され、単なる因果関係を超えて、神の愛の訓育や気づきがもたらされるということも、同時に起きてきているのです。それゆえ、原因を創ったその結果がただ出たということではなく、現実に起きて来る事は、カルマ的な結果であると同時に神のお計らいにもなっている、そのような二重の意味合いが含まれているのが現実の動きです。本人たちも自由意志で行うということはありますが、神様やさまざまな霊に促されて、自ずと引き起こすことだってあるのです。

ちょっと素直になって感じてみれば、何かの存在があって、影響を受けていたり守られているということは、誰しも感ずることです。それを守護霊やご先祖さん、あるいは指導霊ということで、人々は捉えているのです。また、自然の恩恵も人は受けています。そういったことがわかると共に、それらの元に神仏がおられることに気づくこと。そうすると、自ずと感謝して手を合わせたり、礼拝するようになり、神仏に信じて委ね切り、安心して生かされて生きられるようになってきます。

そうなってくると、神仏の流れに沿った自然体の生き方になるので、自分の死期もだいたいわかるし、十分にするべき事をし終えて静かに息を引き取るような自然死を遂げられます。つまり大往生です。そのように、今世でするべき事は十分にして、急ぎすぎず、また余計に生きようともせず、スゥーッと静かに灯火《ともしび》が消えるように息絶えて、霊と魂が体からスッと離れて向かうべき霊界へと導かれていけば、そのあとの霊界での生活や来世でのあり方も良好です。

あなた方夫婦は最後まで労り合い、支え合い、感じ取り合って同じ病気で共感し合うことも神様から頂き、二人三脚を超え、一心同体で既に生き始めているのです。それだけ縁が深く、二人の心が融合してきている証拠です。

このように、外で起きる事は偶然ではなく、カルマ的な結果であり、同時に神様からのお恵みとして起きる事です。つらさや、思いどおりにならないことも含めて、お恵みなのです。それによってカルマが解消したり、気づきが与えられたり、魂が育成され訓練されている、愛の機会だからです。一番いいように計らって下さっているということです。

それゆえ、どんな事が起きても認めて受容し、体験していってください。そうすると、全部がほどけてきれいになり、それで一生を通り抜けると全部が尽くされて、天寿が来た時にスッと息を引き取ることができます。神様を信じて一切合切《いっさいがっさい》をお任せし、その時その時与えられた体力の中で妻のために、また子どもたちの協力も頂きながら介護をしてみてください。介護をしたり認識できたりする元も、神様にそのエネルギーがあります。そのように、神様と融合しひとつになってくると何も怖いことはありません。

今世でするべき事はきっちりしていきましょう。神様と一致し、お任せしていれば自ずとするべき事を全部してから、還ることができます。いちいち、「あれをしなければ」「これは大丈夫だろうか」。そういったことを案ぜずに済みます。

ある程度自分で留意したり気をつけることは必要な場合はありますが、基本的に信じて任せて、今目の前の事に自分の理解を元に、精一杯取り組んでいけば、一番いいように、最後のところで計らわれます。その場でやりやすい状況が与えられたり、勘が働いたり、必要な助けがやって来たりするということでそのことがわかります。

神様は直接は見えずとも、神様のお計らいのお心と、その働きはわかります。神様の存在は確認できなくても、そのお気持ちと働きは確認できるということです。働きがあり心が感じられれば、存在自体もあるということなのです。もっと進めば、神様の存在自体もわかるようになります。

現実に起きる事が、象徴的だということに気づいてください。妻が病に罹って、二、三年して自分も同じ病に罹ったというのも何かを象徴している。神様は象徴的に伝言されてくるお方です。「あぁ、これは夫婦の心がひとつになってきたことであり、また〝ますますひとつになりなさいよ〟という促しとしてこのような事が、わが身に象徴的に起きてきたのだな」と、そのように解読するのです。そうすると確信が生じ、ますます励みになって病気さえありがたく思えて、大切にしながら、しかしそれに囚われずに与えられたエネルギーを有効活用しつつ、最後までていねいに生きられるようになるのです。

生まれ変わるといっても、今世は一度きりです。一つひとつの人生が完結しています。それゆえ今世は今世でより良いものとして仕上げるように心がけて生きてみてください。神様との関わりで、夫婦でも関われば、自ずとそのようになります。

そして、それぞれの人生は独立した、一個の作品であると同時にすべての人生が一繋《ひとつな》がりで一体です。輪廻転生はシリーズを成している、大きな一個のドラマなのです。あなた方も、いつもいつも夫婦だったということではありませんが、ずいぶん夫婦であったことは多く、そのため夫婦は板に付いている間柄です。聖書には「男と女は夫婦となって結ばれ、一体となる。もはや二人ではなく一人である。それゆえ、神が結ばれたものを引き離してはならない」とあります。

今の関係を受け入れ、大切にしましょう。そして関係の中で成すべき事を精一杯行ってみましょう。それをすることが来世をより良いものにしていくことに、そのままなります。

来世を良くしたいなら、今与えられた状況で、するべき事を極力良い形で成すことです。それが未来をハンドリングできる唯一の手立てです。いつでもその瞬間を最大限の形で活かすのです。人生とは結局、その限りない積み重ねに依るものです。それがひいては、未来を大切にし、より良いものにしていくことになります。

今する事は、過去のカルマを果たし、精算しつつあると同時に、未来をより良いものに創りつつある姿でもあるのです。また、その時その時を十分に落ち着いて味わってもみてください。そこで神様と繋がれる瞬間です。そしてカルマもこなされます。そして「ありがたいな」と思えて、繋がりを一瞬で感じ取れます。そのときに生命を体感できます。

そういった瞬間の味わいを大切にしてみてください。たとえば夫婦で介護し合う場合でも、一瞬静まってリラックスして、フッと感じてみるのです。そうすると、夫婦の愛と同時に、背後の神様も瞬間的に捉えられます。

親子の関係でも大切にして、今世頂いた親子の関係でも、味わってみてください。そうするとありがたいという思いが湧きます。そのように物理的な周りの状況を超えて、一瞬リラックスして感じて、繋がりの命を体感するとき、そこに永遠が見てとれることでしょう。そうすると、前世も来世も一繋がりであること、生命同士も一繋がりであることが体感できるでしょう。そのような体験が貴重です。

そういうことで、これからのひと時ひと時を愉しく、周りの方たちと共に過ごしていきましょう。

リーディングを終了します。

Q1 今回のリーディングにより自分自身を知ることで、どのような気づきや発見があり、あなた自身の内面（考え方・生き方など）にどのような影響がありましたか？

妻とし、前世から夫婦であった事が多く、今世でも精神的、霊的に一つになるため、神仏のお計らいで、自分自身も妻と同じ病気になった事を知りました。妻の辛さや痛みが共感でき有り難いと思うと共に、妻に対して心穏やかに接する事ができるようになりました。又、死というものに、今まで漠然とした不安がありましたが、リーディングにより神仏を信じて委ねて過ごす事で、不安や恐れがなくなりました。

Q2　今回のリーディングで、現在、課題と感じられている事の解決につながりましたか？

残りの人生を、常に神仏に感謝して、妻と心から向き合い、励ましあって、子供たちの力も借りながら生きていこうと思います。毎日、毎日を急がず、自分自身の周りから、少しずつ、きっちりとやっていくことが大切だと思いました。日常の生活の中で、ふと立ち止まると、神様仏様の存在を身近に感じることができ、嬉しさと安心感を得られるようになったことを心から感謝します。

あとがき

本書は「自分探しの旅」シリーズの第二巻に当たります。テーマは来世に向かう中で自分を認識し、活用するための人生を司《つかさど》る法則、並びに自分を知り感じるためのツール（手立て）です。本書の前半部はその内容の詳細な説明、後半部はそのために実際に五名の方々の個人リーディングを行った事例集となっています。

人は本当に生まれ変わるのでしょうか。たとえ生まれ変わりが真実にしても、果たして来世を知ることができるものなのでしょうか。また、来世のために今から何をどのようにしていくとよいのでしょうか。

来世は現世で何を考え、意図し、どう行動するかにかかっています。自分の将来に対する願い、期待、意向と、神のご意向との絡みで決まります。親鸞は往相回向（あの世への転生）も還相回向（この世への転生）も、他力によって、すなわち神仏のお力とご意向によって為されることを明かしました。人は自分個人の意向や願いや力だけでは生まれ変われない、ということです。

来世は第三の目であるアジナー・チャクラが開かれれば、予見、認識できるようになります。また、惑星では冥王星が来世に関係している、とも見られています。

来世は決まってはいませんが、すでに見えつつあるものです。その人の目的、あるべき姿と方向、クリアーすべき課題、必要な学び、伸ばして発揮したい才能などから、自ずと推察され、浮き彫りにされます。本人の願いと意向、まだ果たされていない無表業（待機組のカルマ）、本人の必要性と学びと役目とポジション、本人の転生のシリーズと大きな流れ・動向との兼ね合い、個人のカルマと共業《ぐうごう》（共有する大きなカルマ）との関連性、使命とテーマの内容と方向、神のご計画とご意向――これらが影響を及ぼします。

人は、使命や仕事の継続、前進、完成を意図して転生します。その過程で、人格の育成、能力の向上、人間関係の改善、カルマ解消にも取り組みます。霊的な覚醒、進化も目標です。悟りは生まれ変わりながら、徐々に進展するものなのです。

個を超えたところでは、グループの向上と使命の進展が、縁ある者同士で目指されます。地球と人類の範囲では、密教でいうところの密厳浄土《みつごん》、神の国の実現、地球社会の到来が神仏の本願、ご経綸《けいりん》としてあります。

したがって、個人の輪廻転生と来世と救いばかりを思い、願い求めるよりも、全体の中でその一助となること、自分の位置と役目をその中に見出し創り出すこと、その中でこそ自分の特性を磨き活かすことです。

使命というものを自分個人の側から見る以上に、宇宙全体、地球と人類全体から捉え直し、その中の一部として自分を見て生きていくのです。自分に相応しい役目、位置取りということです。これは宇宙における任務だと見るのです。

他力から超作で本務、任務をひたすら為すこと。それによって行うほどに自分が浄化され、進化し、全体に調和と共存がもたらされることになります。

神様を信じて一切合切を委ねきり、心と行いが神と一致・調和し、いつでも目の前のするべき事、するとよい事を超作で為していれば、何の支障を来たすことも未練を残すこともなく、今世のうちに果たすべき事はすべて十分に行えて、天寿を全うでき、安心してスッと旅立つことができるでしょう。

霊界と顕界に霊的進化と調和がもたらされますように。人類と地球自然とが共存し成り立ちますように。この事を祈り、そこに目標を設定すれば、死後の霊界や来世も最も良いようになってきます。自分や家族やグループのことばかりを思わないで、他の人々や地球・人類、さらには宇宙全体のことを思って行動していくのです。

この観点で、三世にわたる自分探しの旅にも取り組んでください。自分こそが最大の資産です。将来に向けて、自分を認識し、磨き整え、善用し役立っていくこと。その事で自分も成り立たせていただき、前進します。

誰一人として、自分探しの旅に無関係な人などこの世にいません。このテーマに取り組むことで自分の心や生き方を見つめ、調整し改善していくこと、その中で真実が教えてくれることを人生に取り入れることによって、今世をさらに充実させるために、この本がより多くの方々のお役に立つことを願って止みません。また、個人リーディングもしくは前世リーディングを体験されることも、併せてお勧め致します。

私どもの会ARI《アーイ》は、ヨハネ・リーディングを柱として、さまざまなイベントを催し、多数の教材（冊子・テープ他）を発行することにより、学びの機会を提供しています。自分を磨き、他の同朋と共に成長しながら社会に貢献する、ONEの実現を目的とした活動を展開しています。当会に興味を持たれた方、お知りになりたい方、賛同された方、加入されたい方は、どうぞお気軽にお問い合わせください。

ARIでは、月刊の会報誌インターフェイスも発行しています。さまざまな独自の教えを満載し、充実していて読み応えたっぷりです。会員の方には、毎月お手元に届けられます。購読をお勧め致します。

最後に、本書を出版するにあたり、たま出版の中村利男氏、そして吉田冴絵子氏、リライトをしてくださった安田真理氏、また今回のために個人リーディングをお受けくださった方々にも多大なご協力を頂きました。企画・コンダクターその他でお骨折りくださった浅野総合研究所の澤井典子さん、大変なテープ起こしをしてくださった増地ひとみさん、長田希久子さん、すべてにおいてサポートを惜しまぬ妻の洋子にも、多大なご協力を頂きました。
この場をお借り致しまして、心より感謝の意を申し上げます。

浅野　信

平成二一年二月吉日

主な著書リスト

- 『ブッダのカルマ論』（たま出版）
- 『ニューエイジの到来』（たま出版）
- 『ハルマゲドンを超えて』（ビジネス社）
- 『アカシックリーディング 1998－2000』（たま出版）
- 『ライフ・リーディングでつかむ自分の生き方』（たま出版）
- 『アカシックメッセージ』（たま出版）
- 『親鸞の心』（たま出版）
- 『リーディングが開く 21 世紀の扉』（たま出版）
- 『前世』（たま出版）
- 『前世Ⅱ』（たま出版）
- 『前世Ⅲ』（たま出版）
- 『前世Ⅳ』（たま出版）
- 『前世Ⅴ』（たま出版）
- 『前世Ⅵ』（たま出版）
- 『自分探しの旅　＜現世編＞』（たま出版）
- 「ライフシールの読取法」ワークブック１
- 「７つのチャクラ」ワークブック２
- 「カルマの解消法」ワークブック３
- 「夢の活用法」ワークブック４
- 「７つのチャクラ」サイドリーダー１～４
- 「カルマの解消法」サイドリーダー１～５
- 「ライフシールの読取法」サイドリーダー１～２
- 「夢の活用法」サイドリーダー１～６
- 「自己探求の旅」
- 「般若心経」
- 「ニューアトランティス」１～３
- 「研究シリーズ」１～81
- 「ＳＥＣマンスリー」１～９
- 「浅野語録シリーズ（テープ）」現在203
- 「月刊インターフェイス」現在213号
- 「インターフェイス増刊号」現在12号

参考文献

●Ｔ．アンドリューズ『自分の前世！がわかる本』
●Ｒ．ウェブスター『過去世への旅』
●光田　秀『眠れる予言者エドガー・ケイシー』
●本山　博『スピリチュアリティの真実』
●Ｐ．ローランド『あなたの前世がわかる本』

●リーディングを行った際の質問

・人は生まれ変わるとは本当なのか。誰にでも来世はあるのか。
・どのように来世は創り出されるのか。来世は予め決まっているのか。
・来世を知ることはできるのか。どうすればわかるのか。
・現世は来世に影響を及ぼすのか。
・現世を終え、来世に生まれ変わるまでに魂はどこへ向かい、何をするのか。
・現世での終え方や臨終時というのは、来世あるいは霊界に影響を及ぼすのか。
・霊界が来世に影響を及ぼすのか。
・霊界から再び魂が肉体を纏《まと》い、生まれ変わるまでのプロセスやサイクル、準備や時期などはどのようになるのか。
・来世を現世よりさらに素晴らしくするには、現世でどのような生き方や行動をするとよいのか。
・前世あるいは今世という、生まれ変わりながら学び得たものを来世で活かすには、どのようにすればよいのか。
・人間が輪廻転生を終えるということはどういうことなのか。また、終えるとするならば魂（霊）はどこへ向かい、何をするのか。最終的にはどうなるのか。
・来世へ転生する時の人間関係はどうなるのか。再び家族や友人として転生するのか。また、人間には想念や感情やカルマなどがあり、来世でも縁を持ちたい、あるいは縁を持ちたくないなどということは影響するのか。
・『自分探しの旅〈来世編〉』の総括。

●ＡＲＩのビジョン&ミッション

浅野総合研究所（Asano Research Institute／略称ＡＲＩ《アーイ》）

ＡＲＩのビジョンはＯＮＥ―全てはひとつ。ＯＮＥとは、総合という意味です。それぞれの違い、たとえば思想・世界観・主義・見解・好き嫌い・個性などをお互いに自覚し、認識した上で、尊重して認めあい、受け入れあっていったら、私たちは、違いこそを与えあうことができるのではないでしょうか。それは、一人ひとりのかけがえのないユニークな存在を活かしあうことにつながります。大きな変革を迎えようとしている新しい時代を支えていく愛、そして叡智がＯＮＥの法則です。ＡＲＩは、ＯＮＥのビジョンという使命を生きながら、Interfaith―心と心を結ぶ架け橋となることをめざしています。

●リーディング

リーディングとは、ひとことで言えばリーダー（リーディングを行う人）が、アカシック・レコードと呼ばれる宇宙の存在すべてが記録されている世界を読み解くこと。

宇宙の歴史・叡智、普遍的真理までを含んだ「生きた波動」にアプローチして、アカシック・レコードを読み取り、質問者の質問や疑問に答えながら、その出来事や問題の隠れた意志・メッセージを解き、心構えや対策法を伝えていきます。

その結果、自分を深い部分で認識し、受け入れ、愛することにつながっていくため、すぐれたリーディングは、ある時は高度なカウンセリングであり、有効なコンサルティングでもあり、セラピーともなって、現実の人生にすぐに役立つツールとなります。

●パーソナル・リーディング

この宇宙の中で、一人ひとりがかけがえのない誰とも置き換えられない独自性を持った存在です。それぞれが、より主体的で創造的な人生を生み出し、本来の自分を生きるために。

パーソナル・リーディングは、わかりやすくシンプルな内容で、自分を具体的に把握するお手伝いをします。すでにわかっていると思っていることも、より深く掘り下げることでさらに明確になり、自分自身を別の視点からみることで、生き方の幅が広がっていきます。

なぜ今の時代に生まれてきたのか。その目的に触れ、使命を知って生きるプロセスで、カルマが解けて、成長が促される。それはあなたが十分に生かされ、幸せになり、自己実現を通して、社会に役立っていくことにつながります。１００人受ければ１００通りのリーディングとなり、同じ内容のものはまったくありません。今のあなたに最も必要なメッセージが語られます。個人に焦点を当てた個別のメッセージでありながらも、そこには普遍性、社会性が存在するので、他の方のリーディングを読むと役立つのも、パーソナル・リーディングの大きな特徴です。

パーソナル・リーディングは約45分間で4質問にお答えします。［料金：４７、２５０円（税込）］

●パーソナル・リーディングの内容

性格、才能、適職、使命、将来性、自分の活かし方、生き方、留意すべき点、前世、カルマ、人間関係、恋愛、家庭、仕事、信仰、健康、体質、食事、ライフシール、チャクラの傾向性、色彩、宝石、星の影響、夢解釈　など。

●前世リーディング

あなたの魂のルーツを明かす前世リーディングです。あなたはいつの時代どこで何をしていたのか、なぜ今世に生まれ変わってきているのか。何万年にも及ぶ前世が解き明かされる特別なものです。前世だけに焦点をあてますのでとても奥深く、魂の歴史とルーツが明らかになり自分の由来がわかります。前世を知ることによって、前世のカルマの癒しにもつながり、自信と確信がもて心がとても楽になります。

カルマとパターン、今世の課題や傾向性が見えてきますので、日常生活の中で課題をクリアーすることの手助けにつながります。意識の時間枠だけでなく、空間が大きく広がり、意識の底が深くなり、洞察力も高まり自己認識が前進することによって、将来のビジョンや展望が自ずと開けていくこととなります。

今世に何を成し遂げるために生まれ変わってきたのか、何を約束してきたのかが明確化され、才能や適職なども深くつながっていきます。魂の準備ができている方の場合、転生の回数や使命、性別、前世の名前などが明かされることもあります。

前世リーディングは約40分間で1質問（固定質問）にお答えします。［料金：３９、９００円（税込）］

●前世リーディングの内容

質問内容は固定の「私の前世をお知らせください」の1質問のみとなります。ただし、特殊な質問内容として、他の惑星での滞在、霊界でのこれまでの魂の経過について、オプションで尋ねることが可能です。

●リーディングの方法

リーディングは、依頼者が書かれた申込書、質問書、お写真などにより、遠隔からその方に関わる固有の真理を読み取ります。これは、遠隔リーディングで、当日依頼者が立ち会うこともできます。遠隔でも立ち会いでも内容に差異はありません。

リーディング中は、コンダクターが依頼者の質問を問いかけ、リーダーは横たわった状態で質問に答えていきます。質問が、明確で具体的な文章であるほど、より深く、明快なリーディングになります。

当日録音したテープ、またそのカセットテープを起こした文章を、約1ヶ月半後にお手元に郵送します。リーディングを受けられる方のプライバシーは厳重に保護されていますので、安心してお受けください。

著者略歴

浅野　信（あさの・まこと）

聖職名　ヨハネ・ペヌエル

1954年、茨城県に生まれる。
83年から活動を始め、85年、国際ニューエイジ協会を創立、97年に浅野総合研究所に改称。92年よりリーディングを開始し、その数はすでに11,100件を超える。本格派リーダー（Reader）である。一宗一派に依ることなく、ONEの普遍的真実を個人に即してやさしく説き続けている。
リーディングの他に講演会、講話、講座、個人指導などにも応じている。
総合アドバイザー。預言者。思想家。霊的指導者。現在、浅野総合研究所（ARI《アーイ》）代表。

〔著書〕
『ハルマゲドンを超えて』（ビジネス社）、『アカシックリーディング1998-2000』『ライフ・リーディングでつかむ自分の生き方』『アカシックメッセージ』『親鸞の心』『リーディングが開く21世紀の扉』『前世』『前世Ⅱ』『前世Ⅲ』『前世Ⅳ』『前世Ⅴ』『前世Ⅵ』『自分探しの旅〈現世編〉』（たま出版）他多数。

〔連絡先〕
浅野総合研究所
〒185-0021　東京都国分寺市南町２-11-15　伸和ビル３Ｆ
TEL　042-328-5838　FAX　042-328-5840
E-mail：asanosou@aol.com
URL：http://members.aol.com/asanosou/arihptop.htm

来世への道～自分探しの旅Ⅱ～

2009年４月21日　初版第１刷発行

著　者　浅野 信
発行者　韮沢 潤一郎
発行所　株式会社 たま出版
〒160-0004　東京都新宿区四谷4-28-20
電話　03-5369-3051（代表）
http://www.tamabook.com
振　替　00130-5-94804

印刷所　株式会社　エーヴィスシステムズ

乱丁・落丁本お取り替えいたします。

©Asano Makoto 2009 Printed in Japan

ISBN978-4-8127-0272-7 C0011